一步巴黎

[法] 朱莉·洛萨 ◎ 著
李凯 ◎ 译

1个月
开始"零垃圾"生活

青岛出版社
QINGDAO PUBLISHING HOUSE

图书在版编目（CIP）数据

　　1个月开始"零垃圾"生活 /(法)朱莉·洛萨著；李凯译. — 青岛 : 青岛出版社,2020.7
　　（一步巴黎）
　　ISBN 978-7-5552-9200-5

　　Ⅰ.①1… Ⅱ.①朱… ②李… Ⅲ.①女性—生活方式—通俗读物②环境保护—通俗读物 Ⅳ.①C913.3-49 ②X-49

　　中国版本图书馆CIP数据核字(2020)第084549号

1 mois pour réduire ses déchets© Hachette–Livre (Hachette Pratique), 2019.
Author of the text :Julie Laussat

山东省版权局版权登记号　图字：15-2020-78

书　　　名	1个月开始"零垃圾"生活（一步巴黎）
	1 GE YUE KAISHI "LINGLAJI" SHENGHUO（YIBU BALI）
著　　　者	［法］朱莉·洛萨
译　　　者	李　凯
出版发行	青岛出版社
社　　　址	青岛市海尔路182号（266061）
本社网址	http://www.qdpub.com
邮购电话	13335059110　0532-85814750（传真）　0532-68068026
策　　　划	刘海波　周鸿嫒
责任编辑	曲　静
封面设计	1204设计工作室（北京）文俊
排　　　版	青岛乐道视觉创意设计有限公司
印　　　刷	青岛双星华信印刷有限公司
出版日期	2020年7月第1版　2020年7月第1次印刷
开　　　本	16开（710毫米×1000毫米）
印　　　张	6
字　　　数	100千
印　　　数	1-8000
书　　　号	ISBN 978-7-5552-9200-5
定　　　价	45.00元

编校印装质量、盗版监督服务电话　4006532017　0532-68068638
本书建议陈列类别：时尚生活类

引言

"亲爱的，你能把垃圾扔掉吗？""把酸奶扔进垃圾桶里吧。""不要把纸扔在地板上！""吃完它，不然很浪费。""垃圾扔在外面要捡起来的，知道吗？""哦，今年海滩上还是到处是垃圾。""杯子都没地方放了，能清理一下不要的东西吗？""他们没有拿走垃圾，对吗？"

垃圾桶有点儿像天气。我们每天与人交谈时常常会提到，但没人会真正关注。

的确，垃圾并不是一个迷人的话题，一旦扔掉，人们很快就会忘记它们。在法语中，"垃圾"这个词最初的意思是"产品在使用过程中失去的价值"。但是，产品的价值其实并没有丧失，只是转移了。

垃圾先是转移至垃圾桶中，接着去往焚化炉、室外垃圾站或分拣中心，然后有的垃圾会移至回收中心。能回收的垃圾算幸运的了，很多时候，垃圾的命运就是待在地上，或者进入下水道，最后被排入大海。如果没地方待，垃圾也可能会被运到世界的另一端，在其他国家进行回收。能回收自然很好，但能回收的只是一部分。

如果你手握这本书，那是因为你认为在处理垃圾这件事上，我们终将无计可施：尽管回收技术一直在进步，但很快我们将无法妥善处理堆积如山的垃圾。最后，你的想法就会和我一样：最好的垃圾就是没有垃圾。

如果你从未试过减少垃圾，可能对此完全没有概念，甚至不知道如何进行垃圾分类。制造垃圾很容易，减少垃圾却困难重重。该怎么开始？该怎么坚持下去？

我编写这本书的目的是启发你，并陪伴你用1个月的时间反思这个问题，面对巨大的挑战时，支持和启发的作用很大。一个月的时间太短了，我们无法在这么短的时间内停止制造垃圾。但是，这足以成为一个起点，让我们踏上减少垃圾这一意义重大的旅程。

希望这个月，在我的陪伴下，你可以毫不犹豫地着手减少垃圾，做出更好的选择，并克服困难，盯好你的垃圾桶。

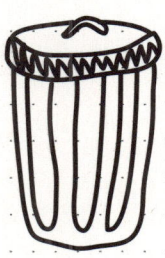

鸵鸟政策

"我从来不看我家的垃圾桶。必须说,垃圾桶一般都不好看。在家里,决定由谁负责扔掉讨厌的垃圾已经让人左右为难了,没人对垃圾桶里有什么东西感兴趣。别担心,我家的垃圾隐藏得很好:垃圾桶很漂亮,密闭性很好,里面套的垃圾袋也很好打结,我甚至买了能自动开合的垃圾桶。一切都设计得很完美,我几乎没看到过垃圾桶里的垃圾,它们被藏得严严实实,而且很快就拎走了。扔垃圾不花钱,对吧?我看到有的地方会征收生活垃圾税,但是那是为收垃圾的服务付费,不是为我扔的垃圾付费,不是吗?这是我制造的垃圾吗?又不是我要用这些包装的……我扔掉这些酸奶,只是因为我忘记喝了好吗!

"哎呀,我要上班,还有个孩子,你当真认为我有时间想方设法地减少垃圾吗?为什么我要自己折腾,而不是由我的爱人、小孩或者超市、政府、美国宇航局……去处理?

"无论如何,我做了垃圾分类,因此我也努力了。回收仍然是最好的垃圾处理方式,对吧?好吧,玻璃类垃圾处理起来还是有点儿难,送到回收站比较好,但是太沉了。至于塑料垃圾,我承认自己并不是每次都知道如何分类。这样,问题又回到了原点。那么,为什么还要去管那些条条框框呢?

"别管我怎么扔垃圾了,行吗?"

这就是鸵鸟心理的表现:不去面对问题,不承担责任。直到某一天,我们有了新的动力,不再对垃圾视而不见!但是,该怎么做呢?

别慌,如果你觉得自己没法再当鸵鸟了,我可以帮你。你拿起了这本书,这已经是一个很好的开端了。因此,振作起来吧,请继续看下去!

实现"零垃圾"

你不理解垃圾怎么能放进罐子里,对吗?如果不让你用塑料袋了,你会觉得心跳加速吗?你觉得洗衣服靠煮很奇怪吗?简单来说就是,你是不是觉得垃圾太多不知道如何是好,自己离"零垃圾"还有好几光年的距离?

这很正常,"零垃圾"是一个很棒的理念。但是,既然你都不知道如何分类玻璃类垃圾,这个理念自然让你觉得很可怕。因此,就像其他过于复杂、过于激进、过于费时的行动一样,急于求成的结果可能会适得其反。最终我们什么都没有改变,继续待在自己的角落里,独自望着塞得满满的垃圾桶发呆。

坦率来说,你不可能在一个月内实现"零垃圾"。你可能有挫败感,缺乏动力,有时候干脆想放弃了。更重要的是,你家里总是在不断地产生垃圾。

但是,你要乐观!

是的!能读到这一页就表明你已经迈出了一小步。你已经有意识、有动力要"做点儿什么"了。这正是我们需要的!我们无法对所有东西做减法,不代表我们就什么都做不了。阅读这本书吧!读完后你就会发现,虽然你还会继续制造过量的垃圾,但好消息是你已经掌握了所有的方法,可以按自己的步调和生活节奏慢慢减少垃圾。最重要的是,你会明白减少垃圾需要一步一步来,要培养一些下意识的习惯,甚至还需要一点儿幸福感。

那么,重新开始吧,努力实现"零垃圾"!

为什么要减少垃圾？

既然本书要教你减少垃圾，不先说一说减少垃圾的理由怎么行。好在理由还是很多的。

我们从最基本的开始说，先看一组触目惊心的数字吧。

- 354千克生活垃圾：这是法国居民人均每年制造的垃圾量，如果算上我们制造的所有垃圾（大件垃圾、绿色垃圾……），数字就会变成573千克。打个直观的比方，这大约是六头小象的重量，相当于每位法国居民每天扔1千克以上的垃圾。
- 2017年，处理这些垃圾的公共支出为170亿欧元（公共支出的钱来自我们每一个纳税人的钱袋子……）。
- 第八大陆：地理书中自然不会介绍。这是一个塑料大陆，位于太平洋东北部，面积相当于法国的6倍。
- 其他令人震惊的数字：每年有800万到1200万吨的塑料最终会进入海洋，每年有150万的动物因误食塑料而死亡。

但是，垃圾引起的严峻生态问题并不是我们减少垃圾的唯一动机，因为有时候我们会觉得这些离我们的日常生活太远，无法让我们一直保持减少垃圾的热情。除了保护环境这样宏大的动机外，为了其他更私人的原因而减少垃圾也没有什么好害羞的，小动机和大动机一样重要。最重要的是开始行动，并且知道原因是什么！

减少垃圾的最佳动机：

- 对地球有益；
- 省钱；
- 节省时间，尤其是花在拆包装上的时间；
- 可以少拎垃圾；
- 不浪费食物；
- 想使用更健康的产品；
- 吃得更健康；
- 使房子更整洁；
- 减少打扫的时间；
- 为孩子树立榜样；
- 让厨房的橱柜更漂亮；
- 加快购物速度；
- 学习少用塑料制品；
- 让家庭氛围更愉快；
- 减少对营销手段和广告的依赖；
- 过更简单的生活。

备忘录：我的动机

将自己减少垃圾的动机一条一条写下来，记得让全家人都参与进来。

千里之行,始于足下。

——老子

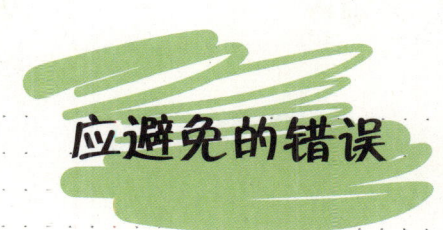

应避免的错误

在这次疯狂的减少垃圾大冒险行动中,你可能会犯一些错误,其中最主要、关乎成败的一个错误应该就是想要一步到位了。

本书会反复提到,减少垃圾并不容易,有时候需要改变自己长久以来的习惯。

记住一句话:慢慢来。一步一个脚印,耐心地实施每一项行动。

如果你常常对如何处理垃圾感到力不从心,那么一旦做出减少垃圾的承诺,很快就会感到困扰!垃圾无处不在,它会悄无声息地出现,也可能在你不注意的时候来到你家里。你会感到不知所措,想要做出全方位的努力:减少厨余垃圾,购买散装的产品,更换各种日用品,回归厨房,开始堆肥,整理房间……

别想太多!在1个月之内,你无法做到"零垃圾"。实际上,没人可以完全实现"零垃圾",也不可能在1年内做到近乎"零垃圾"。想让自己灰心丧气,最好的办法就是快马加鞭,把自己弄得疲惫不堪,然后一切戛然而止。

不用担心,每个人都经历过动力不足的时候。有时候我会因为很难减少塑料垃圾而抓狂,对自己说:"算啦,把这些东西都扔掉吧,看来我得在一堆塑料包装里打滚啦。"如果你也遇到了这样的情况,就表示应该放慢脚步,盘点一下自己已经改进的地方,休息一下再恢复行动。

还有,虽然这本书叫《1个月开始"零垃圾"生活》,但是如果你需要花3个月甚至1年的时间来完成这项计划,我也没意见,不会跑到你家去骂你。

因此,放轻松,看书,学习,一点一点做出改变吧。垃圾几乎没有减少时,我也不会失望。我更在意你已经做到的事情,哪怕你只是在厨房里贴了垃圾分类说明。

> 最重要的是你想要减少垃圾,并且一直这么想。这能让你走得更远,永不退缩。

一起减少垃圾

减少垃圾不是一个单打独斗的过程,"集体作战"的意识很重要。这是一次长途跋涉,既然家里有好几口人,你就没必要自成一队。

与其他人一起行动的过程不可能一直十分和谐,无论这个"其他人"是你的另一半、你的父母,还是你的室友。想要大家对即将采取的行动、希望减少的垃圾以及需要做出的努力达成一致往往有困难!

有本书在手,证明你已经有减少垃圾的迫切需求,有时候你甚至迫不及待地想要改变大家的行为,以一种"宽容"的态度从根本上改变他们的习惯。不过,我们还是要学会深吸一口气,承认不是每个人都能遵循自己的步调,沟通往往是解决问题最有效的方式。

让减少垃圾真正成为集体行动的几个提示

- 让大家都读一读这本书,然后集体决定如何行动。你可以给每个人分配一段时间让他们看书,例如,每个人看一周。
- 学会妥协。孩子舍不得自己最喜欢的沐浴露?那就让他继续用着吧,但作为交换,让他每个星期天帮你一个小时的忙,一起制作下周要吃的饼干。
- 定期总结。一周下来进展如何?有没有遇到什么特别的困难?有什么需要改变的吗?有人需要帮助吗?
- 学会放松。没错,减少垃圾这件事已经迫在眉睫,但请不要给周围的人施加过多的压力,以防之前的努力打水漂。先生仍然从超市拎着大包小包回来?不用担心,他下次会有进步的!也许他需要放慢节奏,从更简单的事情入手。
- 用各种方法将减少垃圾的想法分享给其他人。一部剧情电影、一部纪录片、一本书……有很多方法可以让你爱的人以不同的方式做出改变。
- 将你的沮丧以及需要帮助或支持的需求表达出来。别指望周围的每一个人都能跟上自己的步调,但也不要忽视自己的感受。如果你因压力过大而感到沮丧或疲惫,可以向其他人表达出来,但要心平气和地讲,不要指责。请用第一人称"我"。倾诉自己的事以及自己的感受,比带着怒火控诉他人更有效。
- 寻求协助。如果你感到孤独无助,可以去社会上寻找与你志同道合的人,例如零垃圾协会、网上的相关社团……

"鞋匠穿的是最差的鞋子"

怀女儿的时候，我开始注意减少垃圾，或者说是转变生活方式。我想在宝宝的护理、饮食、服装等各个方面做出最好的选择……然后，我开始在自己的博客、朋友圈里探讨这个话题，现在这个范围扩大到了我的工作圈子。

有人可能会以为，在我的私人圈子里，这是一个很容易解决的问题，然而……举个例子，我的爱人去超市采购，会带回来一大堆带塑料包装的东西，其中就有独立包装的玛德琳蛋糕。再比如我的父母，他们属于婴儿潮一代，不太能理解为什么我想要"回归祖父母的年代"。当我因第一次搞定蜂蜡包装而欣喜若狂时，听到的却是我什么时候才会停止"我的时尚"。还有，9岁的熊孩子说用马赛皂洗手"味道不好闻"，5岁的熊孩子为了画画能围着三棵树搞上一天破坏。

我对周围男性对这件事的看法非常感兴趣，因为我知道许多女性的看法和我相同。日常生活中，环保似乎只是女孩的事情：更负责任地消费，使用健康产品，减少包装，收拾房子。与男性讨论可再生能源很容易引起他们的共鸣，但谈到洗衣服时就很难愉快地聊下去了（这样的话题对他们来说索然无味）。有些男性需要先观察一段时间，才会跟着行动（"你确定这样能把衣服洗干净吗？"）。有些人则拒绝改变（"为了一个塑料包装袋，就要我跟奶酪厂家发火吗？"）。还有些人认同全家人共同做改变的想法，但不认同和他直接相关的部分（"我的男士香氛沐浴露怎么不见了？"）。

令人沮丧？并非如此！因为从某天开始，我看到了很多改变：爱人一个人带着特百惠保鲜盒去买肉；母亲问我蜂蜡包装的做法，因为她发现这个还挺好用；我的兄弟初次尝试自制剃须泡沫；朋友问我自制洗衣粉的配方……特别是孩子们，大的想要用芦荟胶给头发做造型，而小的现在更喜欢吃家里烤的饼干了。

根据我有限的经验，最不情愿的人很快会成为最积极的人。比如，我发现，尽管一开始许多人认为"减少垃圾"是女性的事情，但一旦行动起来，男性往往会更激进，每天都致力于做出更大的改变。

我们往往很难说服自己身边的人，也不能强迫他人做出改变。还记得那些不想看垃圾，也不愿意做什么改变的日子吗？每个人都是一样的，说服他人最好的办法就是播下种子，然后耐心等待它在身边的人心中生根发芽。

属于你自己的时间

本页需要你与家人一起填写。你可以在开始这个计划之初就回答这些问题,也可以在减少垃圾行动有进展后再来完成。填写本页最主要的目的是围绕这些问题在家里展开讨论。

对于减少垃圾,我最担心什么?
_____
_____

我想承担什么任务?
_____
_____

哪些是我不想管的?
_____
_____

做什么事有助于减少生活垃圾?
_____
_____

如何就即将做出的改变同家人进行有效沟通?
_____
_____

小贴士

1. 每个周末组织一次家庭会议。每个人都盘点一下本周的情况,包括什么做得比较好,还有什么需要改进,然后大家借此机会共同调整。

2. 将一周下来遇到的小挑战、需要测试的方案和每个人的责任范围贴在显眼的地方。

四个星期的过程

要用四个星期的时间减少垃圾——我不想骗你——必须撸起袖子加油干。但是,你已经开始阅读本书了,这说明你已经迈出了最重要的一步:想要改变处理垃圾的方式。这已经很了不起了!

在这四个星期的时间里,我并不打算教你怎样一点一点、一样一样地减少垃圾,直到实现"零垃圾"。想要用1个月的时间学会这些是不现实的,强行去做只会事与愿违。但是这1个月可以让你做出深层次的改变,让你对需要放弃的东西和可以改变的事情有更多的了解。

第1周要用来打基础。因为在开始减少垃圾之前,你需要了解自己每天在扔什么类型的垃圾,如何有效地进行垃圾分类,以及不可避免要制造垃圾时的优先级。一般来说,在第1周结束时,你就可以准确无误地进行垃圾分类了。

在第2周,你就可以置办减少垃圾的装备了。没错,要踏上这段减少垃圾之旅,没有一些快速减少垃圾的好装备和小妙招可不行。

在第3周,我们将采取更全面的措施来减少垃圾,尤其是包装类垃圾。我是个热心人,这周我会告诉你一些简单的自制产品配方。记得选出自己想尝试的,剩下的可以存起来,将来总会派上用场。

在最后的第4周,你将学会如何坚持这种生活方式,如何让自己走得更远,以及如何保持自己新养成的习惯。

请记住,这是你的生活,垃圾也是你自己制造的。成为这本书的主人吧,你可以在上面写写画画,可以剪下书页,有必要时也可以复印!是的,复印会制造新的垃圾,但与你要处理的垃圾相比,那只是沧海一粟。

"做事要当其时。"

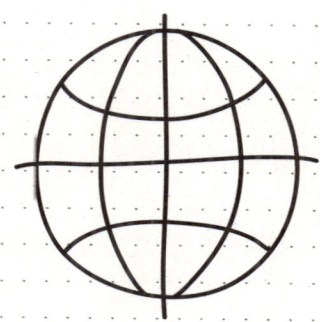

出发吧？

"零垃圾"著名的4R法则是：
- 拒绝（refuse）
- 减少（reduce）
- 再利用/修理（reuse/repair）
- 回收（recycle）

但我还想加上第五个：呼吸（respire）！

好吧，你已经意识到很有必要为自己的垃圾桶做减法了，但有时候这种想法会迫切到让你感到窒息！没必要给自己（或者家人）压力。建议你做个深呼吸，一点一点地来，就像你看这本书时，要一页一页地看一样。

来个小小的挑战？

在这个月里，如果你想更深刻地理解"零垃圾"的概念，可以进行一个看起来很简单的小挑战：零购物！（食品、卫生用品和其他必需品除外。买一双新鞋？不行！）为什么要挑战零购物？因为不增加新的垃圾，就更容易减少垃圾。还有一个原因是，你肯定要在这个月购买一些更耐用的东西，这也是一项投入。

等到你已经养成了好习惯并有了更好的安排之后再开始购物。谁知道呢？1个月之后你找到了新的解决方案也说不定。

小贴士

为了让自己更有动力，可以参与零垃圾协会的"无新"挑战。

目录

第1周
了解你有哪些垃圾

本周目标	2
测试：你知道如何进行垃圾分类吗？	3
垃圾分类的基础知识	4
分类，还是不分类？	5
我的垃圾分类情况	6
混乱的包装回收标志	7
垃圾回收的限制	8
塑料不是什么神奇的东西	9
清点我的垃圾	10
清点我的包装垃圾	11
清点我的生活垃圾	12
合理安排家里的垃圾桶	13
结果	14
首先要减少什么垃圾？	15
"每人负责一种垃圾"挑战	16
第1周回顾	17

第2周
置办装备，减少垃圾

本周目标	19
好装备的重要性	21
装备省钱妙招	22
购物时如何减少垃圾	23
清点自己的装备	24
"我总是忘记拿购物袋！"	25
到哪里购物？	26
记下自己在哪里购物	27
使用耐用的装备	28
我要换成	29
我的选择	30
自制蜂蜡包装	31
"零纸巾"挑战	32
不喝瓶装水	33
"三选一"挑战	34
处理厨余垃圾	35
怎样选择堆肥方式	36
初学者感言	37
第2周回顾	38

第3周
行动起来

- 本周目标 …… 40
- 散装产品是你的好朋友 …… 41
- 购买散装产品的小技巧 …… 42
- 怎么办,不敢尝试! …… 43
- 要克服的困难 …… 44
- 制订计划减少厨余垃圾 …… 45
- 菜单和购物清单挑战 …… 46
- 清洁产品过量 …… 47
- 自然清洁法的基本配置 …… 48
- 家庭清洁剂配方 …… 50
- "根据配方制作产品"挑战 …… 52
- 减压妙招 …… 53
- 浴室里垃圾成堆! …… 54
- 优先考虑多功能产品 …… 55
- 慢慢养成习惯 …… 56
- 速成化妆品配方 …… 57
- 我的挑战 …… 58
- 第3周回顾 …… 59

第4周
跟上节奏

- 本周目标 …… 61
- 重新盘点 …… 62
- 称赞自己 …… 63
- 怎么办,我被批评了! …… 64
- 选择 …… 65
- 专家的感言 …… 66
- 免费会带来污染 …… 67
- 户外防垃圾生存指南 …… 68
- 孩子和他们制造的垃圾 …… 69
- 下午茶食谱 …… 70
- "出去捡垃圾"挑战 …… 71
- 极简主义和减少垃圾 …… 72
- 别再扔了 …… 73
- 让我们一起做个美梦! …… 74
- 第4周回顾 …… 75
- 整月回顾 …… 76

- 鸣谢 …… 78

第1周

了解你有哪些垃圾

本周目标

只有了解垃圾,才能减少垃圾。道理似乎很简单,但是许多着手减少垃圾的人却不了解自己制造得最多的垃圾属于什么类型。知道自己扔掉了什么是完成本月挑战的先决条件。

有一个极端的办法:将垃圾桶里的垃圾全部倒出来,记下里面装的每一样东西。我知道,如果你住公寓,这么做不容易,会让家里最懒的人望而却步。所以,这一周我会陪你进行盘点,给你一些建议,以便你更好地了解你的垃圾。

我们不会停止对垃圾桶的分析,还会讲一些垃圾分类的基础知识,并给出一些应该优先减少哪些类型垃圾的建议。

请记住,一切都要慢慢来!我们不可能立即减少所有垃圾,需要通过合理安排,持续、有效地减少垃圾。

既然要减少垃圾,为什么还要将垃圾分类呢?因为有很多垃圾可以直接回收利用。我们会发现,虽然垃圾分类并不是一个完美的解决方案,却是必须完成的第一步。分类说明有时很复杂,各个地区的标准会有所不同,分类标志也可能不太一样,这些都增加了分类的难度。因此,在真正开始减少垃圾之前,必须先搞明白什么垃圾应该放在什么垃圾桶里。

你的任务(如果你接受的话)是列出清单,检查一下自己是否能够正确地对垃圾进行分类。这样在本周结束时,你会更清楚应该先减少什么垃圾。

测试：你知道如何进行垃圾分类吗？

1. 汽水罐应该扔进：

　　☐ A.厨余垃圾收集箱；

　　☐ B.可回收物收集箱；

　　☐ C.不知道。

　答案：B。汽水罐由铝制成，铝很容易回收，并且能无限回收！你知道吗？用670个汽水罐就可以做出一辆自行车。

2. 我今天晚上啃完的大棒骨应该扔进：

　　☐ A.厨余垃圾收集箱；

　　☐ B.其他垃圾收集箱；

　　☐ C.上面两个选项都可以。

　答案：B。大棒骨比较硬，不易腐烂，属于其他垃圾。

3. 番茄酱吃完了，我应该怎么处理玻璃瓶呢？

　　☐ A.里面还有点儿酱，应该扔进其他垃圾收集箱；

　　☐ B.直接扔进可回收物收集箱；

　　☐ C.把里面剩的酱冲洗干净后，放进可回收物收集箱。

　答案：C。玻璃明显是可回收的，把里面的酱洗干净就可以扔进回收箱了。

4. 天哪，我的玻璃杯摔碎了！我应该：

　　☐ A.把碎片收集起来，直接倒进可回收物收集箱；

　　☐ B.找一条旧毛巾把碎片包起来，扔进可回收物收集箱；

　　☐ C.扔进其他垃圾收集箱。

　答案：B。玻璃（不管碎没碎）属于可回收物，扔的时候要把碎片包裹起来，以防止回收人员受伤。

5. 我的T恤破了，不能穿了，应该送去：

　　☐ A.可回收物收集箱；

　　☐ B.其他垃圾收集箱；

　　☐ C.不知道。

　答案：A。回收纺织品并不是要重新使用，破损严重的也可以回收。

6. 没电了的5号电池属于：

　　☐ A.可回收物；

　　☐ B.有害垃圾；

　　☐ C.其他垃圾。

　答案：C。纽扣电池、充电电池等属于有害垃圾，而普通干电池已达到低汞或无汞要求，可作为其他垃圾投放。

测试结果

答对的少于三题：是时候好好学习一下如何分类了！

答对三题以上：不错，你基本过关了。继续做好分类吧！

垃圾分类的基础知识

想要减少垃圾,首先要能够将垃圾放进正确的垃圾箱。但是,垃圾分类并不是一件容易的事。不同城市的不同分类规定、搞不懂的分类标志、陌生的材料、偏见、错误……真是够乱的!

区分不同的垃圾类型

可回收垃圾(蓝色垃圾箱):纸类、塑料、金属、玻璃和织物。

有害垃圾(红色垃圾箱):灯管、家用化学品、电池等。

厨余垃圾(绿色垃圾箱):家庭厨余垃圾、餐厨垃圾、其他厨余垃圾。

其他垃圾(灰色垃圾箱):不属于以上三类的生活垃圾。

其他需要分类的垃圾

大件垃圾:包括旧家电、旧家具等。扔这类垃圾时应联系小区物业或者社区居委会,投放到指定地点,然后由专门的环卫车拉走。

装修垃圾:应与生活垃圾分开,装袋后投放到物业指定的投放点。

关于垃圾分类的误解:将垃圾分类是做无用功,因为最后所有垃圾都会放在一起!啊,这真是典型的城市谣言……分类是为了更好地处理垃圾,垃圾处理厂可不想把所有垃圾都投入焚化炉。用混合了大量厨余垃圾的混合垃圾焚烧发电的效率比较低,还会产生影响环境的有害物质。生活垃圾分类的错误,会造成垃圾处理工作的困难。请记住:垃圾分类做得越好,垃圾就越容易回收利用。

垃圾分类小贴士:

• 厨余垃圾中应该不含玻璃、陶瓷、金属、塑料、橡胶等其他杂物。

• 有包装物的过期食品应将包装物去除后分类投放,包装物应投放到对应的可回收物或其他垃圾收集容器。

• 有尖锐边角的可回收物应包裹后投放。

• 立体包装物需要清空内容物,清洁后压扁投放。

• 易破损的有害垃圾应连带包装一起投放或包裹后投放。

• 易挥发的有害垃圾应密闭后投放。

• 其他垃圾应沥干水分后投放。

分类,还是不分类[1]?

很多人都有过不知道应该将包装垃圾放入哪个垃圾桶的经历。有的人在外出旅游时面对颜色奇怪的垃圾桶不知道如何将垃圾分类,也有的人会在不知道垃圾桶内装着什么垃圾的情况下就直接把垃圾扔了进去。

垃圾分类目前还没有一套全国统一的标准,由于全国各地的回收方法不同,垃圾分类的标准也有所不同。例如,"其他垃圾"在有的城市又叫"干垃圾","厨余垃圾"又叫"易腐垃圾"或"湿垃圾"。

看各种垃圾分类插图、表格看得头疼?下面帮你总结了几条简单粗暴的分类规则:

• 绝大多数的玻璃包装(玻璃瓶、玻璃罐等)都可以回收,但是需要先清空内容物,并清洗干净。

• 绝大多数塑料、金属包装都可以回收,包括各种饮料瓶、清洁用品瓶、护肤品瓶、易拉罐等。投放时,应直接投入分类垃圾桶,不要装在袋子内。有内容物的扔之前要清空并折叠好。

• 所有的纸张、纸盒都可以回收,但用过的纸巾、餐巾纸等除外。

• 绝大多数食物属于厨余垃圾,如剩菜剩饭、菜叶果皮、蛋壳、较小的骨头等,但椰子壳、生蚝壳、大棒骨等因为质地坚硬、不容易腐烂,应投入其他垃圾收集箱。

• 所有的衣服、鞋子、包包(即使已经损坏)都属于可回收物,完好的衣物也可以投入小区附近的衣物回收箱。

• 大型电器电子产品可以联系规范的电子废弃物回收企业上门回收,小型电器电子产品可以作为可回收物投放。

• 所有大件物品都应送到专门的大件垃圾收集地点。

• 不属于厨余垃圾、可回收物和有害垃圾的,都可以投放到其他垃圾收集箱。

---

1. 因中国与法国的垃圾分类标准不同,第3~5页的内容根据国内标准做了改编。

我的垃圾分类情况

请注意当地的特殊分类标准。为确保自己不会忘记分类标准并能正确将垃圾分类，可以将分类标准贴在家里，让每位家庭成员都知道不同类型的垃圾应投放到哪里。

你可以在手机上下载垃圾分类的应用程序，也可以打开"全国垃圾分类"小程序查询。只需选择你所在的城市，输入想要丢弃的垃圾的名称，就可以知道该如何分类。你还可以咨询当地的相关部门，他们通常有详细的分类标准可供查询。

我的分类情况：

☐ 我所在的社区正在实行垃圾分类，因此我对所有垃圾进行分类。
☐ 我所在的社区目前还没有开始实行垃圾分类。
☐ 离家最近的快递包装回收点位于：

_____

☐ 离家最近的衣物回收箱位于：

_____

☐ 离家最近的废品收购站位于：

_____

混乱的包装回收标志

好了,你已经看到了,分类垃圾并不是那么简单!虽然可以查看产品包装上的标志判断垃圾的类型,但还是会觉得有些混乱。为了不发生混淆,尤其是不造成分类错误,有必要解释一下这些标志。

绿点标志:毫无疑问,这是我们最容易误解的标志!有没有该标志与产品是否可回收完全没有关系,因此请不要一看到它就将垃圾扔到可回收垃圾中。该标志仅表示制造商为产品包装的收集、分类和回收做出了经济贡献。别再找这个标志了,它和垃圾分类无关。

分类说明:有时候,绿点标志也会附有分类说明。例如,"玻璃罐可回收""金属盒可回收""纸箱可回收"。

分类人:一个可爱的小人儿图像,告诉我们产品需要按分类标准回收,但除此之外就要靠自己了。它没有告诉我们某种垃圾应该放入哪种垃圾箱里,不是吗?

莫比乌斯带:该标志在世界范围内广泛使用。它表明产品在技术上是可回收的,但并不意味着现实中在进行回收。如果环内有百分比,那么这个标志就表示产品中可再生材料的百分比。

就说这些吧。因为实际上,目前并没有任何标志可以准确地告诉我们如何进行分类,还不如看自己贴在家里的垃圾分类说明备忘录!

垃圾回收的限制

做好垃圾分类不就好了吗？为什么还要减少回收的垃圾量呢？

其实，回收是个大工程：我们需要寻找新的产业、新的工艺流程，将垃圾转化为新的材料、新的物品甚至制造成能源。在目前的生产和消费模式下，我们别无选择，必须发展回收利用。

但这件事实施起来有很多限制。回收也是一项投入很大的工程——不管是经济上，还是能源和水资源的消耗上——有时会成为实实在在的经济难题。有的材料我们不知道如何回收，还有的材料我们知道如何回收，但没找到有价值的利用渠道，总之，我们还远远做不到回收垃圾分拣箱中的所有东西！例如，在法国，估计只有四分之一的塑料包装得以回收。有关部门一直在开发、试验、改进流程，但想要全部回收，目前还做不到！

实际上，对于可回收物收集箱里的东西，有的我们很清楚该怎么回收，比如PE（聚乙烯，一种热塑性树脂）瓶，有的则会直接丢弃或者回收方式还在试验中。酸奶罐就是一个颇有争议的例子。法国的不同地区有不同的规定，可以投入其他垃圾收集箱或可回收物收集箱中。

为什么会有这样的不同？不是因为它的成分，而是因为它的形状：小、细长，但占空间，可回收的部分很少，而且必须去掉盖子和标签。因此问题不在于"能不能回收"，而在于存在一系列技术限制。好消息是，我们生活在一个多行业分工合作，并能通过不断的试验改进回收技术的国家。摩泽尔的试验中心目前正在对小酸奶罐进行测试和研究，通过将其粉碎成颗粒状，寻找更好的回收渠道。同时，研究人员也致力于优化其组成，方便在未来进行回收。

回收是垃圾重获新生的机会，但这是工业上的考虑，不应该影响你减少垃圾的意愿。我们永远都不可能回收所有的垃圾，也不能低估这些处理系统和必要的运输过程对环境的影响。必须记住，塑料不可能无限回收！回收后的塑料会有损耗，并且只能回收两到三次。

因此，虽然减少垃圾的第一步是理解垃圾分类说明，更好地安排垃圾的去处，但是不要迷失在回收的"海市蜃楼"之中，还是要努力减少垃圾的产生！

塑料不是什么神奇的东西

除了难以回收,还有其他一些理由支持我们去减少塑料垃圾。从环境的角度考虑,塑料垃圾是一种灾难。不只因为我们无法回收所有的塑料制品,还因为塑料进入海洋后会释放出大量的污染物。塑料的降解时间很长,并会造成严重的污染,破坏生态系统,使海洋生物中毒(这些海洋生物可能会出现在我们的盘子里)。塑料还会严重危害珊瑚礁的生存。

此外,塑料还会引起公共卫生问题。你穿的衣服、你孩子咬着的玩具、你用的日霜、你喝的水和吃的食物,都可能含有塑料。塑料的原料不仅仅是石油。它是碳氢化合物和其他化学物质(溶剂、稳定剂、染料、邻苯二甲酸盐、氯等)的混合物,而这些成分在光和热的作用下可以发生迁移。

值得采纳的好建议:

• 切勿将塑料包装放在阳光可直射和高温的地方。

• 不要反复使用塑料水瓶。

• 尽量少使用塑料薄膜包裹装肉、鱼和奶酪的托盘。

• 如果厨房用具的涂层受损就不要用了,建议更换成陶瓷或不锈钢制品。

• 检查化妆品中是否有塑料成分。要避开含有聚乙烯(PE)、聚丙烯(PP)、聚乙二醇(PEG加数字)的产品以及名字中有"硅氧烷""聚合物""乙烯基"等字样的成分。

• 新衣服穿之前务必清洗,且最好购买天然纤维材质(棉、亚麻等)的衣服。

• 不要让孩子玩会变色或有气味的塑料玩具(例如带香味的娃娃)。

最后要说的是,不要被"新塑料"这样误导性的名称所迷惑。

• 生物塑料包含部分植物材料,但是无法回收。

• 可生物降解或可氧化降解的塑料会在光或热的作用下迅速降解成细小碎片,既不能堆肥,也不能回收,因此不能随意丢弃在户外。"可生物降解"是文字游戏。虽然这种塑料是可降解的,但仍包含石化材料。

• 可堆肥塑料(必须有官方标志)由植物(或纸)制成,可生物降解。可是,一般家庭很难用它堆肥,因其需要的热量较高,需要工业堆肥环境才能达到条件。所以,这种塑料也不能被一般家庭回收利用。

清点我的垃圾

你能说出自己每个月会制造多少千克的垃圾吗？你扔得比较多的是塑料、玻璃还是厨余垃圾？很难说明白，对吧？这很正常，一般我们都不会对垃圾桶里的东西感兴趣。但是，如果不去了解，就不可能着手减少垃圾。

因此，本周你需要做个小练习：清点你的垃圾。你可能要忍受垃圾的臭味，但是，我保证，本周只有这么一次！

什么时候清点？ 选择自己比较清闲的一天，比如周末。当然，最重要的是必须在垃圾桶装满时进行清点。别怕和孩子一起玩这个游戏。让孩子参与其中，这样他们就会意识到垃圾桶里都有什么。

如何记录？ 只需要详细记录你扔掉的所有东西即可。如果可能的话，记下每种类型垃圾的数量。记录得越具体，就能越直观地看出垃圾来源。例如，可以用"正"字表示你扔掉的所有瓶子，也可以注明扔掉的是洗发水瓶还是矿泉水瓶。如果你不确定某种垃圾的数量有多少或忘了记录某种垃圾，也不必惊慌，只需在清单相应的框中写上"有"就可以了！

那么，你准备好检查自己的垃圾桶了吗？

小贴士

> 清点完毕后，请将垃圾清单打印出来（我不会把这种行为算作浪费纸张的），这样到月底时你可以比较一下，看看自己取得的进展（见第62页）。可以把清单贴在厨房里，让家里所有人都能看到。

清点我的包装垃圾

记下你扔掉的所有包装,无论其材质是塑料、纸、铝箔还是玻璃。如果可能的话,请详细说明其出处。

丢弃的塑料包装的数量	瓶子(牛奶瓶、洗发水瓶、沐浴露瓶……)	与食品接触的塑料包装(冷冻肉包装袋等)	没有与食品接触的塑料包装(矿泉水标签等)
塑料包装的来源	购买的食物 ☐ 很少 ☐ 一半 ☐ 大多数	购买的化妆品 ☐ 很少 ☐ 一半 ☐ 大多数	其他:
丢弃的纸盒/纸片/铝箔包装的数量	小的食品包装(谷物盒、果汁盒、汤料盒、果酱盒)	大的外包装箱(整箱的酸奶、啤酒等的包装箱)	其他:
丢弃的玻璃包装的数量	装食物的广口瓶、罐子或其他形状的容器	酒水瓶(水瓶、果汁瓶、葡萄酒瓶、啤酒瓶……)	其他:

清点我的生活垃圾

厨房里的垃圾	剩饭剩菜： ☐ 很少 ☐ 一半 ☐ 大多数	不可回收的塑料包装： ☐ 很少 ☐ 一半 ☐ 大多数	油腻或脏了的纸（纸巾、卫生纸……）： ☐ 很少 ☐ 一半 ☐ 大多数
丢弃的食物	不可食用（果蔬皮、肉骨头等）	尚可食用（因不想吃而丢弃）	过期或变质
洗手间里的垃圾	棉片、棉签、湿巾…… ☐ 很少 ☐ 一半 ☐ 大多数	塑料或纸盒包装…… ☐ 很少 ☐ 一半 ☐ 大多数	其他：

你可以把本周填满了多少个垃圾桶写在下面，也可以写下某种让你印象比较深的垃圾类型或你对本次清点的感受：

合理安排家里的垃圾桶

谁没有过因为垃圾分类不切实际或过于麻烦而抱怨的时候呢？谁会不觉得将塑料包装用一个脏兮兮的塑料袋装起来本身就荒谬至极呢？谁又不曾因为垃圾又重又没什么用，而且基本上不干净，而尽可能地少做"扔垃圾"的苦差事呢？

安排家中垃圾桶的五个建议

1.选择全家都可使用的垃圾桶

每个人都要对自己制造的垃圾负责，所以在安排垃圾分类的时候需要考虑到每一位家庭成员的情况。如果家里有孩子，要确保孩子能够安全、轻松地使用每个垃圾桶。因此，盖子太重的垃圾桶，还有放入一个牛奶瓶就可能破掉的塑料垃圾袋就别用了吧。

2.准备好足够的垃圾桶

要将不同类型的垃圾分开，至少需要三个垃圾桶：厨余垃圾桶、可回收物垃圾桶和其他垃圾桶。还可以再准备一个盒子放废灯泡和电池等有害垃圾。此外，也可以准备一个储物篮，用于存放准备送去回收站的物品和要捐赠的衣服。

3.扔掉样子很丑的垃圾桶

承认吧，你家的垃圾桶很丑，不是吗？我们一般不愿意买新垃圾桶，特别是在如今这个物价飞涨的时代。但是，样子更好看、色彩鲜艳、易于打开的垃圾桶对做好垃圾分类很有帮助，省空间的三合一垃圾桶还可以简化垃圾分类工作。你可以给垃圾桶贴上漂亮的标签，让最小的孩子也能看懂其中的区别。你不喜欢垃圾桶？那就去看看垃圾箱、板条箱、垃圾篮……

4.选择大小合适的垃圾桶

垃圾桶越大，你越喜欢往里面装垃圾。所以，请根据家里的人数购买大小合适的垃圾桶。不要使用过大的塑料袋，以免垃圾存放得过多，拖慢减少垃圾的进度。

5.不要重复放置垃圾桶

我们往往喜欢在家里的不同空间重复放置垃圾桶，比如卫生间垃圾桶（如果家中不止一个卫生间，还要乘以卫生间数量）、车库垃圾桶、阳台垃圾桶等。重复放置垃圾桶最大的问题是，我们一不小心就会忽略垃圾分类。

结果

　　清点的结果没有好坏,它只是一份清单!垃圾是自己制造的,每个人在减少垃圾之路上并不是从同一起跑线出发的。最关键的是知道如何从中得出结论,帮助你继续走下去。通过列出清单,你可以发现哪些垃圾最多,哪些可以轻松地减少,哪些需要花时间慢慢减少……

我的总结

我扔的什么垃圾(垃圾类型)最多:

食品包装(塑料、纸盒、金属、玻璃)的数量:

化妆品包装或日常用品的数量:

是否觉得自己扔掉了太多食物(果蔬皮、剩饭、过期或变质的食物等):

是否觉得不知道该把垃圾放入哪个垃圾桶?如果是,原因是什么?

是否扔掉了可以修理或仍然有用的东西?

在清点时是否发现了以前从未注意过的垃圾?

是否有什么特别的困难或限制?

首先要减少什么垃圾？

既然你已经知道自己经常扔的是什么垃圾了，那就有必要制订一项减少这类垃圾的策略。为什么？因为你不可能一次性减少所有垃圾！

显然，在接下来的三周里你需要在多个领域减少垃圾，但最好能知道哪种垃圾是需要重点减少的。
- 我扔了很多食品包装：将重点关注如何减少购物带来的垃圾。
- 我扔了很多化妆品包装和/或清洁产品包装：将尝试后面的窍门和自制日用品配方来减少这类包装的数量。
- 我扔了很多厨余垃圾：将仔细阅读关于减少厨余垃圾的建议，并学习如何堆肥。

建议

玻璃容器可以先不考虑，因为这类垃圾可以反复回收并且对健康无害。在你找不到其他解决方案时，玻璃容器甚至可以帮助你减少其他类型的包装垃圾。它是这一个月里，唯一一个数量可以增加的垃圾品种！

"每人负责一种垃圾"挑战

在本页写下你认为最迫切需要减少的垃圾类型,原因既可以是这类垃圾数量很多,也可以是它会定期产生,还可以是你对它特别感兴趣。它可以是塑料包装等垃圾类别,也可以是酸奶包装或纸巾等特定垃圾。

- **集体挑战**:你可以选择几种需要减少的垃圾类型,和恋人、室友或家人共同完成,这样会更有趣。给你一个建议:分工要明确,必须确定每个人具体负责哪种垃圾。

示例:
- 家人:父母负责减少塑料食品包装,小孩负责减少酸奶罐。
- 恋人/室友:一人负责减少清洁棉类,另一人负责减少沐浴露瓶子。

轮到你了!

第1周回顾

本周我们学习了减少垃圾的必要条件、如何更好地分类,了解了减少垃圾的技巧。还有最重要的一点,就是你已经对垃圾进行了清点。即使垃圾桶爆满,也不要灰心,重点是要为接下来的几周做好充分的准备!

在这里写下你对第一周的印象,记得和大家一起完成:

你学到了什么?
_____
_____
_____

什么事最容易?
_____
_____
_____

最大的困难是什么?
_____
_____
_____

你认为自己可以减少垃圾吗?
_____
_____
_____

第2周

置办装备，减少垃圾

第2周　置办装备，减少垃圾

在第2周，你将开始学习如何有效地减少垃圾。坦白讲，没有最基础的装备，你就没法入门。

一边减少垃圾，一边购买新物品，这似乎是自相矛盾。但是，要减少垃圾，就需要先对装备做些小的升级，如果缺少基础装备，就无法减少垃圾。

通常，我们都明白必须备齐装备，才能减少购物时产生的垃圾、厨房里的垃圾以及卫生间里的垃圾。但是，要从哪里下手呢？很快，我们可能就要为如何选装备而头疼，还会因为不会利用这些新装备而头大。

本周，我们将了解为什么必须使用不同的装备才能减少垃圾，以及如何置办装备。给你准备的挑战就是根据第1周确定的减少垃圾目标，选择本周要购买的物品。要选择你认为最重要的，或是能轻松找到的，或是能让你减少目标类型垃圾的东西，这一点是关键。未来几周里，在你觉得更轻松的时候，不妨翻回这几页看看，或许能想到一些新点子。

等着看吧，在短短的一周内，你可以做出重大改变！
你准备好改变自己的习惯了吗？

任何改变起初都是困难的，改变的过程是复杂的，结果是美好的。

——罗宾·夏玛

好装备的重要性

日常生活中的一切都设计成了方便制造垃圾的样子。现代化的生活、科技的进步、全球化、消费方式的统一无疑为我们的日常生活带来了便利。但是，从控制垃圾数量的角度来看，这些都在增加我们任务的难度。

如今，我们可以直接在网上购物，可以购买独立包装的食品、切好的水果，我们倾向于把不要的东西扔掉，而不是重复利用。为了卫生、运输方便和实际需要，我们大量使用包装。日常生活中的各个环节都会产生垃圾。早上，我们用牙刷刷牙，这支牙刷用上一段时间就要扔掉，我们喝胶囊咖啡，吃塑料包装的麦片（外面还有纸盒包装），用装在塑料包装里的产品沐浴。中午，我们吃完东西又留下了许多垃圾。不仅如此，我们还喝瓶装水，用纸杯喝咖啡。晚上，我们打开包装袋煮意大利面，扔掉肉、蔬菜、水果甚至面包的包装，用各种不同包装的东西做清洁工作，用化妆棉卸妆，等等。总之，在每天的每个时刻，做所有事的过程都会产生垃圾。

我们无法轻松停止制造上述这些垃圾的主要原因是什么？原因就是我们缺少用其他方式消费的装备，于是做出默认选择，而当这些默认选择逐渐成为习惯，我们就再也无法摆脱每天制造大量垃圾的惯性。

好消息是，在做出更深刻的改变之前，只对日常物品进行一些调整，就可以轻松又显著地减少垃圾。要实现这一目标，需要购买正确的设备，并掌握一些技巧。别怕，我们将用一整个星期来找出自己需要什么装备，做出正确的选择！

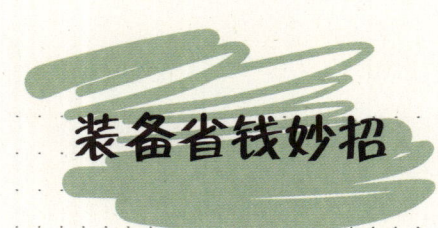

装备省钱妙招

很奇怪,虽然减少垃圾可以省钱,但我听说有一个很大的障碍,就是成本。原因很简单,一开始我们只需要最基本的装备,因此投入也少。当我们的"段位"提升之后,就想多做一些长远的打算,这样显然比短期选择的开销更大。

我绝不否认这是一笔投入,但我还是想谈一谈关于成本的问题。为了进行有效的比较,必须将产品的所有成本考虑在内。对于我们购买的大多数物品,我们经常忘记没有用的部分的成本。例如,买面包时,我们很少考虑面包的包装成本:包装袋的生产、废弃后的处理、后续的回收利用……显然,即使我们完全没有注意到包装的成本,这些费用依然会算在我们头上,只是更隐蔽,更分散,不会写在外包装上。所以,是的,我们扔掉了垃圾,却没有意识到我们已经为这些垃圾买了单。而投资一个袋子用来买无包装的意大利面是显而易见的直接成本,有时我们就会觉得开销有些大。

因此,在听我讲省钱的窍门之前,你可以先计算一下自己一年的开销占收入的百分比。

省钱的窍门:

- 充分利用家里的物品:袋子、盒子、香囊等;
- 学习缝纫或找一个好裁缝;
- 制订采购预算,分散消费;
- 与亲朋好友一起购买必需品;
- 去二手交易平台转转;
- 优先选择能让你停止"剁手"的窍门,因为窍门不要钱!

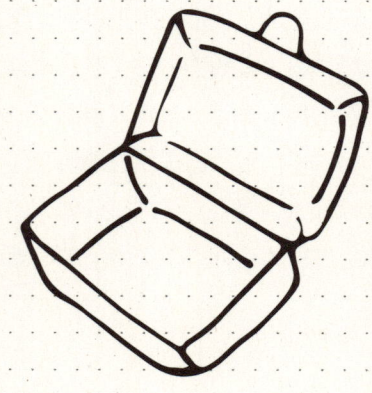

购物时如何减少垃圾

购物袋：准备大的实心袋、两三个织物袋（手提袋）。也可以选择网布袋，装水果和蔬菜非常实用。当然，这取决于你的购物方式，你可能更喜欢用大篮子甚至购物车（我保证，市面上已经有漂亮的款式来取代传统的"奶奶款"了）。

> **小贴士**
> 车上可以备一个板条箱用于存放水果和蔬菜。

散装袋：在有机食品杂货店、网上都可以买到，自己缝制也可以。至少准备五个，大小要有差别。

另一种选择：如果暂时没有足够的散装袋，可以先用纸袋代替（用来装水果和蔬菜）。

用于存放散装物品的罐子：一般在网上或者家居用品店可以买到。一开始不要选择太小的（容量至少1升）。注意检查罐子的密闭性！

另一种选择：利用装咸菜的玻璃罐。

不透气的盒子：准备几种不同尺寸的，家里的塑料盒子也可以先用着，以后再慢慢替换成对健康无害的玻璃盒子。

让生活更轻松的小物：面包袋（里面可以装入小布袋来存放糕点）、纸板蛋盒（可以放入大购物袋中）。

> **不要找借口**
> 如果家里只有塑料袋和塑料盒，也可以加以利用。慢慢地，你就会发现自己购物时最常用的是什么，接下来要做的就是用更环保的东西替换它们。

清点自己的装备

我家里有什么：

我应该买什么：

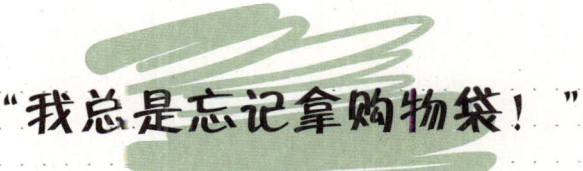

"我总是忘记拿购物袋！"

如今，我们都知道购物时要带上购物袋。但是，很多时候我们会忘记带上购物袋，最终带回了很多塑料袋。

为了不忘带购物袋，请注意以下几点：
• 将所有购物袋都放在一个袋子里。例如，你可以将所有散装袋放在一个小布袋里。
• 购物回来后立即把所有购物袋收拾好，放在门口，然后送回车里！如果你是步行购物，就将购物袋挂起来，方便在出门之前带上。
• 在手提包里或车上备一个购物袋，以备不时之需。

我的购物袋：我用的是一个大袋子，里面装有几个布的手提袋、一个装满散装袋的小袋子、几个纸袋、一个纸板蛋盒和三个特百惠杯子。

你不是一个人在努力，姐妹们给你打气！

到哪里购物？

垃圾的减少始于购物的微妙时刻。大多数垃圾是你在购物时带回家的，尤其是塑料包装。现在，你已经准备好了工具包，可以在不制造垃圾的情况下购物了，但请不要急着去超市。

为了减少垃圾，你必须稍稍改变一下自己的购物习惯。超市能买到散装产品，但选择非常有限，而且价格通常比较高。结果就是，购物清单上的多数物品，你仍然会选择带包装的，而且也无法享受减少厨房垃圾的最大好处：吃得更好。

一些小习惯可以帮助你在不知不觉中减少包装数量：购买本地的、当季的产品，在住宅附近找个农贸市场购物，等等。这样不仅可以选到质量更好的东西（为了自己，也为了地球），而且大部分产品是没有包装的或者是用玻璃罐装的。

我承认，要换掉常去的购物店并不容易，因为我们已经习惯了，还要考虑时间、预算，以及居住地的实际情况。窍门就是慢慢来，做自己能做到的改变，先搞明白家里的情况，并进行测试。

有助于减少垃圾的购物场所

- **市场**：这里有各种各样的新鲜产品，包括水果、蔬菜、鸡蛋、肉、鱼、面包、奶酪等，有些市场还有蜂蜜、果酱、酸奶、香料、熟食、糖果、饮料等。

- **直接从生产商处购买**：价格有优势，但可选余地小。不过，一些生产商能送货上门，让你不出门就能购物！

- **小区购物群**：小区里通常会有人建一些农产品的团购群，你可以很方便地从群里购买没有包装的产品。

> 在热衷于Drive[1]购物方式的人中，出现了一种新的购物潮流——"零垃圾"购物。图卢兹附近的超市Drive tout nu[2]提供按分量出售的散装产品。这些商品没有塑料包装，都装在可回收的玻璃容器里。

1.Drive是法国的一种购物方式，顾客先在手机APP上选好商品，然后自己定一个时间去取商品。虽然从超市网购，超市会提供送货上门的服务；但可选商品种类更少，东西更贵，再加上法国快递人工成本很高，因而Drive大受年轻人的喜爱。

2.Drive tout nu是法国首家实行"零垃圾"的商店。

记下自己在哪里购物

本周,你的挑战是找到新的购物地并试着在那里购物。你可以根据自己的习惯和你家附近的情况来填写。

☐ 我到我家附近的市场购物。(请将你可以在那里买到的或者买不到的东西写下来。)

....
....
....
....

☐ 我在寻找本地生产商(当地的农场、蔬菜基地……)。

....
....
....
....

☐ 我加入了小区的购物群。

....
....
....
....
....
....

使用耐用的装备

如果你想减少垃圾,首先必须停止大量丢弃一次性用品!如今,市面上有各种各样可以让我们的生活更加轻松的产品。但是,创造这些产品的过程也是制造垃圾的过程。更糟糕的是,其中的大部分产品是无法回收的塑料制品。

虽然在一周时间内不可能更换所有的一次性物品,但你可以在不影响生活的情况下换掉一部分。不过,必须选择合适的替代品,要选耐用的、更环保的,至少对健康的危害要更小。

购物(尤其是买很贵的东西)之前,要慎重考虑产品用途和自身需求。此外,有些产品是供全家人使用的,要考虑所有人的意见,还必须确保孩子能轻松使用。

材料清单及优缺点

- **玻璃杯**:最佳选择!

优点:可以无限循环使用,并且对健康完全无害。

缺点:笨重,易碎,不易运输,也不方便给孩子使用。

- **不锈钢**:很好的折中方案

优点:污染程度比铝轻,非常坚固,经久耐用,并能很好地承受温度变化。

缺点:只有质量比较好的才没有健康风险,而品质好的产品价格相对较高;多用于制作厨具;不适合对镍过敏的人使用。

炊具可以选择铸铁的。铸铁产品非常稳定、耐用。

- **木材**:最天然

优点:经久耐用,可以长时间保存,并且没有健康风险,但要做好维护!

缺点:较重;如果维护不当,容易滋生细菌。

- **铝和硅树脂**:啧啧!

优点:便宜,轻便,使用方便。

缺点:生产过程会污染环境,并且在安全性方面仍有争议。

应尽可能避免使用铝制品。有机硅制品如果必须使用,一定要选择可耐高温(200℃以上)的有机硅。

- **塑料**:尽可能避免使用!

塑料会污染环境,很难回收利用,不能加热,存在健康风险。此外,塑料容易老化!

厨房里的风险提示:请勿使用有不粘涂层的炊具!还要注意,涂层损坏的炊具会对健康构成危害,不应该继续使用。

我要换成……

常见的一次性日用品及其耐用替代品举例：

一次性棉片/棉巾 → 可洗棉

厨房纸 → 布巾、海绵、抹布

保鲜膜 → 密封盒、蜂蜡包装

烤盘纸 → 不粘烤盘

塑料吸管 → 竹制或不锈钢吸管（或者不用吸管！）

纸巾 → 布巾

一次性餐具 → 普通餐具

矿泉水瓶 → 水壶、水杯、玻璃瓶

咖啡胶囊/豆荚 → 活塞拉杆式咖啡机、意大利咖啡机、手冲咖啡壶或V60滤杯

洗碗用海绵 → 可换头刷子、蔬菜海绵

一次性卫生用品 → 可洗毛巾、月经杯、月经裤

棉签 → 掏耳棒或毛巾的一角

纸手帕 → 织物手帕

一次性剃须刀 → 安全剃须刀

冷冻袋 → 玻璃容器（装满四分之三）

茶包 → 茶球、玻璃泡茶器

普通塑料牙刷 → 刷头可拆卸的再生塑料刷、竹刷

法式面包的包装纸 → 面包袋（或不使用包装纸！）

我的选择

现在,该行动了!在接下来的几天,至少投资一种耐用品,也可以全家人每人选择一种。几天后记得回来将本页填写完。

我选择的一种或多种耐用品:
....
....

在哪里购买的,花了多少钱:
....
....

使用小贴士:
....
....

有困难吗?
....
....

我做到了吗?
☐ 是的
☐ 没有

自制蜂蜡包装

感谢我吧！我要教你如何自制蜂蜡包装，这样以后你就不需要再使用保鲜膜了。

什么是蜂蜡包装？它是将蜂蜡裹在织物上制成的、可以重复使用的包装。蜂蜡包装非常容易制作，可用于包装食品、碗、盘子。浸泡在蜡中的布干燥后会变硬，使用时靠手的温度就可以令其粘在物体表面。

蜂蜡包装不耐热，因此不能用于烤箱、微波炉，不能接触热水。蜂蜡用冷水和肥皂即可洗去。

你可以用蜂蜡包装包各种食物，但出于卫生考虑，不建议用于包装生食，例如：生肉或生鱼。

材料：

- 根据需要裁切好的布料（最好是棉布，但不要太厚）。
- 闪光蜂蜡。
- 烤箱和烘焙纸。

懒得做？你也可以直接买现成的！买来的蜂蜡包装通常涂有蜂蜡和树脂，因此价格较贵，但更耐用。

方法：

1. 将烤箱预热至80~90°C。
2. 在烤盘里放上一张烘焙纸，然后将布料平铺在上面。把蜂蜡均匀地撒在布料上，无须完全覆盖布料，蜡熔化后会散开。烘烤五分钟，让蜂蜡完全熔化，然后取出盘子。（如果有的地方没有被蜡覆盖，可以加一些蜡，再放回烤箱中加热。）
3. 迅速抓住布料的两个角（小心烫），在空气中悬挂放置两分钟就可以了。蜡干得非常快，动作要迅速。如果还没拿起来蜡油就干了也别慌，再次加热，蜡就会熔化。

新制作的蜂蜡包装有点儿硬，使用几次后就会变得柔软。如果表面的蜡出现破损，只需要在烤箱中加热几分钟，无须添加蜡，它很快就会变得和新的一样！

小贴士

天然蜂蜡是黄色的，可能会把白色织物染黄。可以使用新购买的布料，也可以旧物利用。

"零纸巾"挑战

有时候你甚至不需要花钱，只需要停止买买买……

当我们不再为使用纸巾而发愁的时候，就已经开始走上"零垃圾"之路了。使用纸巾几乎是一种从父母那里遗传来的本能。在家里，我们会用纸巾做许多事情，这些动作已经习惯成自然。我们的桌子上备有纸巾，用于擦去桌面的污渍；孩子吃完番茄意大利面，我们用纸巾给孩子擦嘴；我们还用纸巾包操作台上的蔬菜皮，擦窗户；等等。

当那片小纸片在我旁边跳来跳去的时候，我当然想摆脱它，但是也害怕。用什么来替代这个在我家里有这么多用途的小东西呢？我列出纸巾的各种用途，到网上搜索，思考所有可能的替代方案……后来，我终于意识到，要验证一种东西是否有用，最好的办法就是不用它。因此，在用完最后一包纸巾后，我们给自己一个月的时间不使用纸巾。我想看看在最终选择使用可清洗、可重复使用的织物之前，我们什么时候会想用纸巾。为了省钱，我跟母亲要了一些布巾（我母亲真是什么都有），正好够换洗的。一开始我还担心家人不适应这种变化，尤其是孩子们，结果证明我的担心是多余的。孩子们甚至很开心可以定制一个餐巾环来标记自己的餐巾。

纸巾的其他用途都在不知不觉中解决了：我在操作台旁边放了一只罐子，用来盛放果蔬皮；家里的抹布派上了用场；用海绵擦脏东西也很不错。经过一个月的体验，我们认识到家里根本不需要纸巾。事实上，我们从来都不是真的需要纸巾。使用纸巾只是一种习惯，我们从来没有怀疑过这种习惯，以为这种东西可以让生活更方便。既然不使用纸巾，生活也没有受到什么影响，为什么还要使用呢？从那以后，我们家再也没有买过纸巾，感到不方便的情况很少。毕竟，我们有漂亮的餐巾。而孩子们再也不会不到三秒就浪费一张纸巾去擦一些莫名其妙的东西。

不喝瓶装水

不喝瓶装矿泉水？多少人都说这是不可能的！我们会购买那些易于处理，看似不会产生垃圾的包装产品，却对最终躺在垃圾桶里的塑料垃圾视而不见（尤其是垃圾不在大马路上的时候……）。

喝瓶装水的借口集锦：
- 瓶装水健康，自来水有污染。
- 瓶装水味道更好，家里的水喝起来就像从游泳池里舀出来的一样。
- 孩子不能喝自来水。
- 一瓶水也不贵。
- 瓶装水方便携带。
- 有瓶装水，我会更容易记得要喝水。
- 现在矿泉水瓶都能很好地回收，对环境没什么影响。

还有人说"我喜欢玩瓶子上的标签"，这样的借口就跳过吧……

需要提醒一下，法国的塑料瓶装水的消费量已经达到每秒175瓶。是的，如今塑料瓶能得到更好的回收利用。塑料瓶大多由透明的PET（聚对苯二甲酸乙二酯）制成，我们会将其粉碎成颗粒，但这不是长久之计（原因请参阅第8页）。

水的卫生状况仍然是我们最关心的问题。这个问题三言两语很难说清楚，你可以去卫健委或所在城市的官方网站查看自来水的质量管理规定。目前自来水的质量通常都受到严格管控。

虽然水质控制得以加强，但许多谣言并未被澄清。人们喜欢以讹传讹。一个例子就是禁止婴儿饮用自来水的禁令很快变成了"禁止儿童饮用自来水"。官方的建议是针对6个月以下的婴儿的，最初的目的是让婴儿避开硝酸盐（50mg/升）、铅（10g/升）超标以及有农药污染的水。一般而言，饮用水中这些成分的含量还是远低于上述水平。只需要遵守一些卫生守则即可放心，比如饮用前先放几秒钟的水，维护好水管的卫生。

我们该怎么办？

出门的时候，如果想保持轻便，可以选择携带不锈钢水杯。

在家里的时候，我们可以买个玻璃杯或找个玻璃瓶用。对水的味道敏感的朋友可以加装活性炭或陶瓷珠的净水设备。不要使用可以迅速截留细菌的过滤器，因为我们经常会忘记更换滤芯。

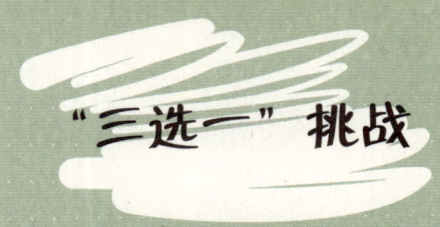

"三选一"挑战

来吧,打起精神来,准备迎接挑战:从前面介绍的三个减少垃圾的建议里选一个来挑战吧!

你可以试试自制蜂蜡包装,也可以尝试不使用纸巾或不喝瓶装水。

如果你已经开始应对前面的挑战了,这里再加一个简单的挑战:买面包时不要包装纸!

完成本周任务的小技巧:

处理厨余垃圾

厨余垃圾主要是指我们扔掉的剩菜、果皮、蛋壳、过期或变质的食品等,数量几乎占了家庭生活垃圾的三分之一。

厨余垃圾可以自行降解,不会造成污染,可以成为你养的花或者种的菜的天然肥料,甚至可以用来大规模生产能源!直接将厨余垃圾投入焚化炉的话就太可惜了。

下周,我们将详细讨论如何减少厨余垃圾的问题。现在,我要向你介绍一种可以帮你大大减少厨余垃圾的设备——堆肥机。

堆肥机是怎么工作的? 堆肥机是专为有机垃圾准备的"垃圾箱",所有厨余垃圾以及园艺垃圾、纸张、纸盒等都可以扔在里面。在适宜的湿度、温度下,将干的和湿的垃圾混合发酵,就能得到优良的天然肥料。

会有难闻的气味吗? 不会!很多人对此有误解。我们印象里某些食物降解时的气味(你有经验,比如去度假前忘了扔掉家里的垃圾……)与温度、氧气含量等条件有关。堆肥机只要维护良好,就不会有难闻的气味。

如何购买堆肥机? 根据你所在地区和房屋类型的不同,有许多不同的方案。最好咨询一下附近的垃圾处理服务中心,他们会为你提供有用的建议。

什么都可以堆肥吗? 从理论上讲,所有有机垃圾(来自植物和动物的垃圾)都可以堆肥。但是在实际堆肥中,考虑到不同材料之间的热量和平衡,用某些降解时间比较久的材料堆肥会比较麻烦。另外,由于堆肥产物要用作天然肥料,因此要避免受到了污染或不健康的材料。

应避免用于堆肥的垃圾(取决于堆肥方法):肉(和骨头)、鱼、乳制品、动物排泄物、塑料(即使商家声称"可堆肥")、化学药品、油脂、病株、柑橘皮等。

正确的做法: 必须将厨余垃圾切成小块。不要忘记添加一些干的材料(纸片或硬纸板),必要时可以加水,并且至少每月进行一次通风。

怎样选择堆肥方式？

我不会让你在一个星期内就去选一台堆肥机。这是生活方式的重大变化，需要先了解一些相关信息。下面我会为你提供所有可行的选择，方便你讨论、对比，找到适合自己的方案。

独栋房屋

- **将厨余垃圾投入厨余垃圾箱**：之后由垃圾回收人员收集（或将其送至回收中心）。你扔的垃圾随后还可能转化为能量，这不是很好吗？
- **在花园的角落挖坑**：挖一个20厘米深的坑，上面盖上稻草，用于容纳少量厨余垃圾。如果空间足够大，还可以进行简单的堆肥。
- **安装花园堆肥机**：该机器由木头制成，与塑料的相比，保持湿度的效果更好，但保持热量的能力稍逊。可以根据花园的空间选择合适大小的堆肥机，甚至可以安装多个，还可以查找相关的教程自己制作。
- **养母鸡**：我知道，这个办法不适用于所有家庭，但确实可以大大减少厨余垃圾的量。

公寓

- **养蚯蚓**：蚯蚓是小型"堆肥机"，可以帮助分解厨余垃圾。
- **采用Bokashi（波卡西）堆肥法**：使用底部可排水的堆肥桶，通过在厨余垃圾中加入活菌，来获得植物用的液态肥料（堆肥茶）。不过，堆肥一段时间后仍然需要处理固态废物。
- **集体堆肥机**：咨询当地市政部门，你家附近是否设有市政堆肥机。你也可以和邻居商量，大家一起置办一个。
- **找一找附近的堆肥机**：如果邻居家里有堆肥机但厨余垃圾很少，可以问问邻居愿不愿意让你用一下，正好也可以帮他维护机器。你还可以向当地农民，以及学校、社区中心等地的工作人员咨询。

让生活更轻松的小技巧

厨房里可以放一个"过渡箱"，专门用于存放几天后才能投入堆肥机的厨余垃圾，以便隔绝异味。你也可以使用广口瓶或密封容器将其保存在冰箱中，避免垃圾降解得太快。

初学者感言

我的第一项行动是用不锈钢水杯替代塑料水瓶。

——安娜贝拉（35岁，有三个孩子）

我的首次尝试失败了！我试着用尿布，但很失败：需要的尿布数量太多了，我们的小公寓里到处晾着尿布。我放弃了，然后将目标换成了自己觉得最简单的：用可洗棉卸妆；用两个垃圾桶分类投放垃圾。我还开始制订每周菜谱，并根据菜谱列出购物清单，只买自己需要的。

——玛丽（30岁，有两个孩子）

我先从换沐浴露入手，然后是洗发水。由于有一些皮肤问题，我想使用更天然的产品。现在我使用天然沐浴露和自制洗发水，皮肤问题没有了，也不再为选洗发水头疼。

——蒂图安（26岁）

我已经有了环保意识：将垃圾分类，使用超细纤维毛巾……然后是改变购物方式：多去市场购买时令产品，少买即食食品（小吃、三明治）。接下来的挑战是：从一周扔一次垃圾改为两周扔一次。

——法旦德（24岁）

我先是开始注意自己的消费习惯，少买东西，但考虑得更周到。我开始进行垃圾分类，后来又用上了固体卫生用品。

——阿芒迪娜（30岁，有一个孩子）

我是从买水杯开始的，因为我不想再扔塑料矿泉水瓶了。之后，我不再接受商店提供的塑料袋。

——纪尧姆（27岁）

我是从使用可洗棉开始的。我有四个女儿，父母和我们一起住，每天扔掉的棉片数量实在太多了！

——爱丽丝（27岁）

我从购物不使用包装袋开始。

——约阿希姆（29岁）

一开始，最简单的是不用塑料袋装水果和蔬菜。我们先是用纸袋，后来陆续自制了一些布袋。我偶尔买一些罐子装散装产品，日用品（洗发水、牙膏、尿布……）选的也是天然的。

——马克西姆（28岁，有一个孩子）

在全家人参与之前，我先开始减少个人卫生用品垃圾：用月经杯，买可洗棉。

——夏洛特（34岁，有两个孩子）

我一直都在做垃圾分类，也会和妻子一起分类。买了房子后，我们开始堆肥，还养了五只鸡，然后是废物利用。我用建筑工地上找到的材料搭了露台、蔬菜箱、鸡舍、温室，甚至是木制桑拿房、床、桌子……我们还自制了洗发水和肥皂。

——科朗坦（38岁，有三个孩子）

第2周回顾

这个星期很忙吧？你完成了许多挑战，为自己添置了装备，助力自己轻松地减少垃圾。通常在这个阶段，你已经不知不觉地减少了一些垃圾。下周就会有实质性的变化了，请耐心等待。如有必要，请花5分钟回顾你的动机（见第Ⅴ页），别忘了看一下要避免的错误（第Ⅶ页）。

写下你对第2周的印象，可以和大家一起完成。

我学到了什么？

哪些事比较容易？

最大的困难是什么？

我是否准备好每天都坚持？

第3周

行动起来

本周目标

第3周，我会告诉你减少垃圾的所有诀窍，包括很多小技巧和自制产品的配方……在每个房间你都有得忙！不要着急，还是像平常一样，根据自己的生活方式、现实条件和希望减少的垃圾类型行动吧。

我将本周设计成一个总结，汇总所有可以让你尽快减少垃圾，特别是塑料包装的事项。此外，我还希望能让你相信一件事：减少厨房、浴室的垃圾或日用品，对环境和自己的健康都有益。这样做更经济，更健康，最重要的是，可以节省大量时间！

如果你像我一样，发现自己花了太多时间去购物或打扫，那么我保证，在本周结束时，你会有时间烤玉米（当然，要买散装的），看电视剧。

我为你准备了一些小挑战，还有一些小技巧和自制产品配方。我不是怀疑你不能全部完成，但最好集中精力做一部分事情，要把它们写下来！白纸黑字记下来的事情通常更不容易放弃。

准备好开始了吗？

散装产品是你的好朋友

其他垃圾箱中的大部分垃圾是我们购买的食品的包装。各种产品都有包装（通常都是塑料的），许多产品甚至有多层包装：大袋里有独立包装的小袋；超市促销的时候会将已经包装好的产品再用包装袋装在一起，在塑料包装外面再套上一层纸盒。

要解决这些包装问题，只有一种办法：购买散装产品。好消息是你现在有装备了：散装袋、特百惠保鲜盒和罐子。

买了散装产品后，厨房看起来会是什么样子的呢？你能想象出来吗？比如橱柜、厨房架子、冰箱里的架子……

可以散装购买的产品举例：

- 杂货：大米、豆类、面粉、糖、巧克力、咖啡……
- 加工产品：蛋糕、饼干、早餐谷物片……
- 新鲜产品：鸡蛋、黄油、奶酪、生奶油、肉、鱼、面包、即食食品……当然还有水果和蔬菜。
- 还有油、醋、橄榄、香料、干果、糖果等。

此外，现在已经有越来越多的商店开始提供散装化妆品和日用品了！

购买散装产品的小技巧

要购买散装产品,你需要稍稍改变一下自己的购买习惯和保存食物的习惯。

在哪里购买散装产品:散装杂货店、本地商贩、市场。现在,有些超市也开始出售散装产品了,但是要注意检查产品的质量。

如何购买:可以带着纸袋去杂货店购买各种物品,如果有布袋就更好了。只需将所需的物品放入自己准备的袋子,然后打结或拉上拉链,拿去称重或直接去结账即可。如果想更上一层楼,可以带着罐子去,直接把东西装在罐子里,只不过要提前称一下罐子的重量,以免称重时计入罐子的重量。

至于分量,请放心,你很快就会习惯的。如果不习惯,就用商店中的小袋量一下,确定一下自己的散装袋的容量。

回到家后:这是最酷的时刻,你很快就会爱上的。将袋子口伸进罐子中,把东西全部倒进去,盖上盖子,然后将袋子放回购物袋里。记得选择大小合适的罐子。

如何保存散装产品:所有散装产品购买者都担心污染问题。质量管理不善的散装产品当然会夹杂烦人的小动物,没怎么加工过的有机产品更是如此。产品一般都是在商店里被污染的。因此,请注意购买地点,不要放过任何问题。之后,需要采取一些防御措施:将罐子密封好,每次使用前都要洗净,哪怕存放的是同一种东西。注意防潮,尤其是用沸水冲过罐子之后,请等到水分完全蒸发后再盖上盖子。最后,记得罐子必须远离热源并避光。如果你真的很担心产品受到污染,可以将其放在冰箱冷冻区保存24小时,这样就不会受到小虫子的侵扰了。万一产品被污染了,要立即扔掉,并仔细检查存放在其他罐子中的产品的情况。

如果要买新鲜产品(或液体产品):这种情况下你需要带上自己的容器去购买没有包装的产品。例如,你可以使用广口瓶、特百惠保鲜盒或带蜂蜡包装(见第31页)的碗装奶酪。请确保容器干净!回家后,只需将购买的所有物品直接放进冰箱中即可。不要担心保质期,你买的大部分新鲜食品可以吃上几天,只要定期购物,就不必担心。

怎么办，不敢尝试！

让我们不敢尝试散装购物的往往不是这件事本身，而是我们与店员的关系。尽管有些商店专门经营散货，但还有很多商店没有这种惯例，你需要费一番口舌。

刚开始，你可能都不好意思开口，或者因为店员拒绝就放弃。不要因此而垂头丧气！

请记住，你是在破坏卖家多年来养成的习惯。将法棍面包用纸包起来，将新鲜产品先装在塑料袋里称重再包起来，取出塑料盒为你服务……这些习惯性动作为买卖双方带来了便利，但卖家不一定会注意到由此带来的垃圾问题，因为垃圾都被你带回家了。当他们称重还得学着去掉容器的重量时，问题会更加突出。别太在意店员的脸色或言语，要向他表明你的态度，这只是一种新习惯，你理解他的困难，但这个习惯对你而言很重要。

不要因为店员的拒绝而气馁！从法律上来讲，并没有哪条规定禁止自带容器购物（与你有时候听到的情况刚好相反），但商家也有权自行决定销售条件，比如拒绝自带容器购物。你要向他详细解释你的方法和这种方法的好处，并告诉卖家已经有越来越多的人在关注这个问题，这么做必然会赢得客户。被拒绝后，不要马上就去别家，多试几次，也许就能说服他了（我花了四次，才说服市场上那位善良的女士将黄油放到我的特百惠罐中！）。

有时候，你会因为店员仍然使用纸或塑料盒称重而沮丧，尤其是当他们不知道如何去皮称重时。但请记住，你减少了自己这部分的垃圾，剩下的就是卖家的责任了！

如果你真的很害羞，就从去一家可以拿着袋子自选的专卖店开始。找一个你熟悉的店员，故意问他下次你是否可以带上自己的特百惠罐……在你没有详细说明的情况下，他通常都会回答"可以"。但是答应了就是答应了，下次你就可以带上你的罐子来购物了！

要克服的困难

好了,开始吧,选择三种本周要购买的散装物品。最多选三种,好吗?不要急着把所有东西都换成散装的,这样会让你力不从心。一定要检查一下装备是否齐全(见第23页),还要知道在哪里购物(第26页)以及如何应付商家(第43页)。

节省时间的小窍门

选择保质期长的、你已经吃惯了的产品(面食、大米、面粉)。如果你从未吃过藜麦,不要直接买散装的!

我的三次购买散装物品的经历:

完成本次挑战后,请写下你遇到的困难和成功的经验:

制订计划减少厨余垃圾

在法国，每人每年要扔掉79千克厨余垃圾，其中有将近20千克是剩饭、未食用的食物，有的甚至还没拆包装！

我们买得太多了！老一辈经历过食物短缺，我们或多或少从他们那里继承了一些囤积食物的习惯。但如今，囤积食物不仅没有必要，还会造成浪费，制造更多的垃圾。另外，我们常常在充满诱惑的环境中购物，不知道如何保存产品，对保质期也缺乏关注。不要着急，只要合理规划并改变一下习惯，我们就可以大大减少这类垃圾的数量。

减少厨余垃圾的小技巧

- 制订购物清单

根据餐单制订一份购物清单。这是本周你要接受的挑战！

- 学会利用剩饭剩菜

剩饭剩菜不要扔。如果数量过多，就想办法在厨房里消灭一部分。我的秘诀是在厨房里备一些可以加工剩饭剩菜的材料：番茄酱、鸡蛋或做馅饼的东西。

- 区分最佳食用日期和保质期

保质期主要用于标注易腐烂的食物，超过该日期食用可能会引起食物中毒。最佳食用日期主要用于标注不易腐烂的食物，表示在此日期之后，食物品质可能会有所下降，但食用后一般没有危险。

- 将"垃圾"变成菜肴

处理果蔬时，我们扔掉的很多东西都可以吃：萝卜缨、某些蔬菜水果的皮都可以加以利用。根据我的经验，任何东西都可以做成汤，干面包可以做成烤面包丁，熟大了的香蕉可以做成香蕉面包。还有，我把吃完的牛油果的核全都拿去种了。

- 学习保存水果和蔬菜

要妥善存放水果和蔬菜，尽可能使其长时间保存。最好的办法是：尽量不要放进冰箱里！可以放在板条箱里，找一处阴凉干燥的地方保存。许多蔬菜的根可以浸入水中，例如萝卜、韭菜等。将蔬菜放入罐子里，马上就成了一种装饰！

- 制订厨房计划

我们可以选择批量烹饪，也就是一次性做好几顿饭。可以制作一些一周内都可以食用的"基础食品"，比如大米、豆类和一些天天吃的蔬菜。我经常在周日与女儿一起做零食和煮汤。你也可以选择隔一天做一次饭，当天多做一些留给第二天。

菜单和购物清单挑战

在本周,你将恢复良好的购物习惯,尽量避免浪费。你再也不会因为要扔掉未使用的产品而难过了,"少而精"的购物方式很可能还能帮你省钱。

挑战1:制作一周的菜单。大家一起坐下来讨论一周的菜单。没必要像开餐厅一样,非得有创意。想想你最喜欢的饭菜,你的时间,还要考虑一周的饮食平衡。下一步要做的是:先查看橱柜中还有什么食物,想想可以用它们做什么菜。然后,写下所有可以用在好几顿饭里的菜肴:一大锅汤、第二天可以做成焦干酪的蔬菜意大利面等。可以留下一两餐灵活安排:一个晚上吃剩饭,一顿吃孩子选的饭菜,一顿出去吃……

挑战2:制订有效的购物清单

• 检查一下橱柜和冰箱。

• 如果要去多个商店,就要根据购物地点分别列清单。

• 如果已经制作好菜单了,请写下一周所需的所有食品,还要写出数量。

• 如果无法制作菜单或忘记制作,可以只写下这周已吃完的食物以及定期吃的食物。你已经喝完了巧克力酸奶,但家里还有很多原味酸奶?那就不要买了,等全部喝完后再买。否则,有几瓶可能会被你忘掉,最后只能扔了。

• 学会分辨必需品,也就是你每天都要吃的食品。这些食品应当是购物清单上的必选项(要及时检查库存情况)。

我的必需品:一罐番茄酱(即使冰箱空了,也可以做意大利面、烤菜、汤……)、一罐蜜饯、一罐全家人都喜欢的东西(如辣椒、青豆等)。

• 在家里转一圈,检查是否需要添置一些日用品、化妆品等。

小窍门

• 参考你最喜欢的菜谱书制订菜单,从里面找新菜。

• 在厨房贴一两个简单的菜谱,以便人人都可以参与进来。

• 在冰箱里存一个备用菜。

• 提前注明哪些物品可以买散装的,以免买到带包装的。

• 组织一次"清空冰箱之夜",每个人都发明一个菜谱!

清洁产品过量

你最近去过超市的日用品区吗?那里有好多排货架,你可以为每个房间和每项家务找到一种专门的产品:清洁厨房、浴室、卫生间、洗衣房的,洗亚麻的,柔顺剂,去污渍的,清洁烤箱的,擦地板的(每种地板都有一种不同的产品),擦窗户的,擦家具的……我们什么时候步入了如此卫生的社会?不仅要花费大把时间进行清洁,还要打扫到让手术室都汗颜的程度?

所有这些产品显然都会带来大量的垃圾,尤其是塑料垃圾,会危害我们的环境和健康。仔细查看一下瓶子,你可能会看到橙色正方形中有一个黑色十字架的符号,这表示该产品有害;如果在红色三角形中有一个感叹号,表示该产品有毒性;如果有一条倒立的鱼,则表示产品对环境有害。我们竟然用这些东西清洁自己的家!

所有这些产品都代表巨大的经济支出。它们包含大量的化学物质,不仅会污染你的家,而且最终都会造成水污染。很多产品具有致敏风险,有小孩的家庭尤其要小心。如果放在儿童或动物能接触到的地方,还会带来额外的风险。此外,用这些东西还特别浪费时间!为每个房间或每项家务单独使用一种清洁产品会造成垃圾成倍增加,所消耗的能源也会成倍增加。

你知道唯一值得提倡的"清理"房屋的方式是每天通风十分钟吗?你知道小孩赤手赤脚地在有清洁品残留的地板上爬比接触细菌更危险吗?你知道许多人在使用这些产品时都会出现呼吸道过敏或皮肤不适的症状吗?

天然的产品没有常规的化学气味。所以,是的,我不会骗你,你闻不到海岛木瓜的香味,婴儿亚麻也不会有你所说的"婴儿的气味"!这些气味不仅完全是化学物品的气味,还是潜在的过敏原。最重要的是,这都是针对性营销的结果。例如,婴儿用品的气味是麝香的气味,洗衣液的气味通常是花香。以自然方式进行清洁,你将会远离这些气味。一开始并不容易,但闻到干净、通过风的房间的味道或宝宝的真实体香,你很快就会感到愉悦。

这是一种既可以减少垃圾,节省时间和金钱,又能保护环境和健康的生活方式!

自然清洁法的基本配置

自然清洁法的最大好处是节省空间,理念是提倡一物多用,同时用最简单的成分。下面提到的物品如今在超市、药店或园艺用品店都可以轻松找到。除了白醋之外,其他产品都能买到散装的或者装在玻璃瓶、纸袋、纸盒中的;白醋很少用塑料瓶以外的容器装盛。

必备品

马赛皂

功能强大的肥皂,可以用来洗衣服、洗碗、清除污渍,甚至可以用来洗澡。注意,要选择正宗的马赛皂。白色的是加了棕榈油的,你也可以选择绿色的只添加了橄榄油的。

白醋

白醋可用于消毒,去除石灰,软化衣物和防止发霉。

小苏打

功能强大的产品,在家里几乎是万能的:清洁、除臭、去污……我更喜欢食品级的,品质更好,更温和,还可以当酵母使用,或用于促进消化。

> **小知识**:请勿将小苏打(碱性)与白醋(酸性)混合,以免影响其效果!两者如果混合,会发生化学反应,生成二氧化碳,产生气泡,这个反应可以用来除垢、疏通管道……

黑皂

这种柔软的肥皂能有效清洁和去油。如果你受不了它的气味,可以用白醋替代!不要把它和黑色沐浴露搞混了。

精油

精油是高度浓缩的产品,处理起来要小心。这类产品有许多有意思的清洁特性,还可以改善产品的气味。我的最爱是薰衣草精油(全家人都喜欢)和茶树精油,因为它们有抗菌性。在家里使用精油时请务必谨慎,尤其家中有孕妇、小孩或动物时。

锦上添花的小物

苏打粉

与小苏打非常相似,但功能更强大,对提高洗衣效率很有帮助。不要与烧碱混淆!

过碳酸钠

超级漂白剂,可用于洗衣服和清洁可洗棉。

柠檬酸(或柠檬汁)

柠檬酸是强效除垢剂,是清洁马桶的完美选择。由于柠檬酸刺激性很强,你可以选择柠檬汁,有相同的效果!

地球之盐去污剂

吸附力强,是清洁各种污渍的好帮手,可用于清洁地毯、用常规方法难以清洁的地方……

清洁装备

在清洁的同时不制造垃圾也意味着你需要配备一定的装备!

- 抹布(旧T恤、超细纤维布等);
- 喷雾器(选择可重复使用的,如玻璃的);
- 广口瓶或罐子(旧物利用或者选择玻璃的);
- 可更换刷头的洗碗刷;
- 各种扫帚和刷子:手头的用坏了之后,就可以换成木质的。

一个人坚持太难?
跟姐妹们一起互相勉励吧!

家庭清洁剂配方

家庭洗衣液
- 50克马赛皂碎屑
- 1升水
- 两汤匙小苏打
- 可选：两汤匙苏打

在平底锅内加水和肥皂屑，加热使肥皂完全溶解，不要烧到水沸腾。添加其他成分前，先让肥皂水冷却。然后将其倒入广口瓶或罐子中，在冷却过程中要注意充分摇匀，防止发生凝固。平时按正常洗衣液的剂量使用即可，甚至可以少用一点儿，因为这种洗衣液浓度更高。

提示
白色马赛皂会使洗衣液变稠，绿色马赛皂会使洗衣液变稀。你可以将两者混合，获得所需浓度。

洗衣粉
将100克马赛皂磨细，搅匀。将肥皂碎屑倒入一个广口瓶，加入50克小苏打、50克苏打粉（注意，粉末有刺激性，小心不要吸入）。盖好瓶盖并轻轻摇动，使其混合。洗一件衣服用两汤匙。

柔顺剂
在一个小玻璃瓶中，倒入1/3的白醋、2/3的水和一滴你喜欢的精油，使其混合均匀。使用时直接倒入洗衣机的柔顺剂盒即可。注意衣物不能有松紧带。

洗白色衣物
- 使可洗棉布和旧袜子恢复亮白：将衣物放在加了两汤匙过碳酸钠的热水中浸泡一夜，第二天机洗。
- 机洗白色衣物：在洗衣机中添加两汤匙过碳酸钠。如果白色衣物多，还可以在洗衣粉中添加两汤匙过碳酸钠粉，制成特殊的"白色"洗衣粉。

去污渍
优先使用冷水和马赛皂清洁。可以根据污渍的类型，在网上查找天然的清洁方案。对付清洗起来不太方便的纺织品（地毯、垫子、大衣）上的污渍，可以使用地球之盐去污剂轻轻擦拭并冲洗。

清洁喷雾剂
- 白醋版（不需要冲洗）：在喷雾瓶中加入1/3的白醋和2/3的水后混合均匀。可以添加大约20滴精油（薰衣草、茶树、柠檬等）或橙皮水增加香味！

• 黑皂版（需要冲洗）：在喷雾瓶中加入300毫升温水、两汤匙黑皂液和两汤匙白醋，混合均匀。

清洁地板

• 即用型产品：将1升温水和5汤匙黑皂混合，可以添加约20滴你喜欢的精油。将混合物倒入罐子里保存，需要用的时候取一瓶盖倒入拖把桶内即可。

• 懒人选项：准备一桶温水，将1小匙黑皂直接加到桶中，搅拌至黑皂完全溶解，然后就可以用它来清洁了。如果要清洁瓷砖，可以加点儿白醋，以增加瓷砖的光泽度。

洗碗

• 懒人选项：把刷子或海绵在绿色马赛皂上摩擦几下就可以去洗碗了（这是目前我最喜欢的方法）。

• 洗碗液：将5汤匙马赛皂碎屑（如果喜欢更黏稠的质地，最好用白色的）用1升水溶解，再加入1汤匙黑皂、3汤匙小苏打和大约20滴精油（柠檬、薄荷）。

• 洗碗机选项：在密封罐中加入50克过碳酸钠、100克苏打、100克柠檬酸和1汤匙粗盐，混合均匀。每次倒两汤匙。

平时要避免让混合物接触空气，并注意防潮。也可以将混合物倒在蛋糕盘里，待其变硬后制成颗粒。

清洁厕所

每天使用白醋喷雾进行清洁就足够了。可以在马桶里面倒入少许柠檬酸，静置一夜，第二天轻轻刷洗即可，每周清洁一次。

需要大面积清洁时，可以倒入小苏打和白醋使其发生化学反应，并充分刷洗。

家中其他地方的清洁

窗户和镜子：白醋喷雾。

浴室和厨房中的家具：黑皂液喷雾。

切菜板：用柠檬和粗盐擦洗。

木制器皿上的污渍：在牛奶中浸泡几个小时。

除水垢（如水壶、水龙头、淋浴器……）：按1∶2的比例加入白醋和水，加热，静置几分钟后冲洗。

屏幕（如手机、电脑……）：拔下设备的电源，用软布（例如眼镜布）擦拭以除去灰尘。然后在布上喷一些白醋，轻轻擦拭要清洁的地方。

烧烤工具：将粗盐与白醋混合，倒在工具上，然后用刷子（或铝箔球）擦拭，一小时后再次刷洗并冲洗干净。

冰箱或垃圾桶除臭：可以在冰箱里放一碟小苏打或者往垃圾桶中倒一点儿小苏打。

洗衣机：将50毫升白醋直接倒入滚筒中，让洗衣机在至少60°C的水温下运行。每月清洁一次。

"根据配方制作产品"挑战

行动起来,选择一种配方在本周制作。没时间?可以提前将制作材料添加到你的购物清单中,方便有空时快速上手。

我要制作的清洁用品及配方:
_____
_____
_____
_____
_____
_____
_____
_____

反馈(制作完成并试用后即可填写。写下你的小技巧、改进方案、评价等):
_____
_____
_____
_____

减压妙招

前面介绍的所有清洁用品配方都能让生活更轻松,可以帮你省钱并减少垃圾的产生。但是,制作这些产品需要一些时间,不应该由家中的某个成员独自承担。

下面有一些小窍门,可以让你在日常生活中更合理地分配这些任务。

1.大家一起按配方制作

这是全家人一起学习的最佳方式,每个人都可以自己做一次。可以教孩子制作洗衣液或清洁喷雾剂,但要小心苏打粉等刺激性物质。

2.将配方贴在显眼的地方

将配方展示出来,方便每个家庭成员学习和制作。如有必要,可以将配方打印出来,贴在壁橱上、清洁区附近、冰箱上……这样,每个人都没理由说自己不知道怎么制作清洁喷雾剂或者需要用什么清洁地板了!

3.分配任务

如果你觉得让大家主动参与进来有困难,可以直接分配任务。例如,一个人负责制作洗衣液,另一个负责制作清洁喷雾剂。每个人都要独立完成自己的任务!

4.让每个人负责到底

负责制作某种物品的人也要负责补充,并负责记下需要购买的原料。在显眼的地方张贴购物清单,这样每个人都可以在上面记下需要购买的物品,例如"买黑皂"。最后,你可以根据家里的具体情况购买。比如,如果你家里有多个卫生间,每间都要放一瓶清洁喷雾,那么你就需要多买一些原料。

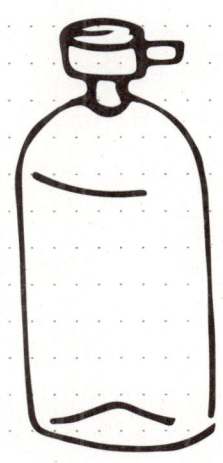

浴室里垃圾成堆！

浴室里藏着一大堆垃圾，尤其是塑料垃圾。与清洁产品一样，它们也会危害环境和健康。你的化妆品就不用说了，就是你的PVC（聚氯乙烯）浴帘每天也会产生微粒，通过呼吸进入你的体内！

开始减少垃圾和生态转型之前，我的浴室里堆满了各种塑料包装的产品，这些产品都有刺激性成分，不仅不健康，还占据了很多空间。虽然更环保的化妆品往往比较贵，但是我柜子里所有产品的开销加起来，已经足够我买上一些质量更好的产品了！

一般情况下，一个四口之家的浴室里会有数目惊人的日用品，并且这些东西的用途往往是重复的：每个人喜欢的沐浴露、身体乳、面霜，每人一支牙膏、牙刷（按每两个月更换一次的频率计算，四口之家一年会扔掉24支塑料牙刷），还有各种护发产品（女性家庭成员拥有护发产品的数量是男性的三倍）。算上化妆品，浴室中堆积的物品无疑会超过十种！减少浴室中的垃圾对保护环境至关重要，因为各种瓶瓶罐罐实际上都是不可回收的（但还是要放到分拣箱中！）。减少这些垃圾对于改善健康也很有好处。很多常规产品含有刺激性和致敏性成分，会干扰内分泌！

产品标签小贴士

- 成分列表（INCI）按降序详细列出了产品的成分。第一种通常是水，争议最大的成分通常放在列表的末尾，因为其含量在法律上有严格限制。在大多数情况下，生产商使用的都是科学术语，我们很难搞懂它们到底是什么。

- 列表解密。现在有很多方法可以帮助我们对产品的成分进行分析，可以下载成分分析类的移动应用程序，也可以在网站上查询。

- 记住一些刺激性成分的名称。常见的有矿物油（源自石油，有多个名称）、聚乙二醇、对羟基苯甲酸酯、三氯生、苯氧乙醇、月桂醇硫酸酯钠或月桂醇硫酸酯铵等。

优先考虑多功能产品

查看化妆品的成分是一件让人头疼的事,本月的目标并不是浪费时间在商店里看标签。

首先,更换购物地点。与超市相比,在一些专卖店里,更容易找到健康、成分更简单,并且包装也更环保的化妆品!药房或药店出售的许多品牌的产品都含有应该规避的成分,而且这些产品的包装往往不可回收。

其次,控制产品数量。为了减少垃圾并且掌握产品的成分,应该先控制自己使用的产品的数量!

进行化妆包测试:

想象你要离开家几天,并收拾好化妆包,然后检查一下哪些产品被你留在家里了。由于你的必需品都在包里,因此只需要看看剩下的那些是不是你真正需要的就可以了。

最后,我发现了原生态多功能产品的奇妙世界。这些产品很容易找到,通常存放在玻璃容器内。它们可以单独使用,也可以与其他产品一起使用,你甚至可以尝试用它们自制化妆品。你也可以选择固体产品,如牙膏、除臭剂。

需要了解的几种基础产品

- **冷皂(SAF)**:比较温和,含有天然甘油,适合各种类型的皮肤,通常没有包装。

- **乳木果油**:含有多种维生素等营养成分,是护理身体和头发的好帮手,可以起到滋养、修复和软化等作用。我们要选择未经精制的产品(黄色),并装在可回收的容器内。

- **植物油**:不同品种的油有不同的特性,但通常都能滋养皮肤和头发。我最爱椰子油、霍霍巴油、鳄梨油和榛子油。尽可能选择有机的,并装在玻璃容器中。

- **芦荟胶**:芦荟胶是植物界真正的奇迹,可以保湿、治疗烧伤和晒伤,还可用于眼部护理、制成定型发胶。尽可能选择纯净、天然的,要注意避光保存。

- **纯露**:纯露是通过蒸汽蒸馏从植物中提取出来的液体,集合了所用植物的优点,可以舒缓皮肤、卸妆等,适合全家人使用。我的最爱是玫瑰纯露、薄荷纯露和橙花纯露。

慢慢养成习惯

刚开始减少垃圾时,我不想自制化妆品,不想将我的厨房变成实验室。大多数自制化妆品的配方要用到多种成分,往往很难买到散装的和有机的。清空从前的所有化妆品,再全部换成塑料包装的自制化妆品没有任何意义。

后来我学会了一些简单的配方,但我会有意放慢进程,给自己时间去寻找原始、容易找到的产品。现在,我已经大大减少了浴室里垃圾的数量。更重要的是,我的皮肤从来没有这么好过!

慢慢养成习惯的基本原则:尽量使用各种未加工的产品,控制产品的数量。

身体

- 淋浴:冷皂。
- 保湿:植物油,如甜杏仁油、椰子油、乳木果油等。

面部

- 用植物油(混合性皮肤用霍霍巴油,干性皮肤用椰子油)卸妆,将油涂抹在手上,然后轻轻按摩面部(包括眼部)。
- 用冷皂清洁面部,除去剩余的油。
- 向面部喷洒纯露,补充水分。
- 取少许芦荟胶和植物油在手上混合,然后按摩仍然湿润的面部就可以了。

头发

- 洗发水是用来洗头发的,而不是护理。洗发水的成分越简单越好。不含精油的洗发水全家人都可以用。
- 如果你留长发,可以涂抹护发素,记得仔细检查成分。我更喜欢用自制发膜(请参阅第57页)做护理。请记住,受损严重的头发无法修复,只能剪掉!
- 如果你是卷发,可以在头发还湿着的时候涂抹芦荟胶,静静等候头发变干。头发干了之后,将一滴植物油揉开涂在头发上,可以消除"硬纸板"的感觉。
- 如果你是短发,可以将芦荟胶作为定型发胶使用。

家有小孩

- 可以使用不含精油的温和冷皂。如果怕被同学传染虱子,可以在洗发水中加入一滴薰衣草精油,有很好的预防效果。
- 必要时可以在配方中添加甜杏仁油。
- 如果孩子出现湿疹或皮肤敏感,请选择天然擦洗剂(请参阅第69页)或燕麦浴(是的,听起来像早餐)。

速成化妆品配方

速成配方

这里有一些易上手的化妆品配方，你无须变成化学家就能制作。制作理念就是充分利用未加工的产品和厨房里的所有物品！

如果你想制作更高级的产品，可以访问网上的"零垃圾"博客。

磨砂膏

将少量咖啡渣与植物油混合，淋浴时可以用来擦洗身体。面部可以用细砂糖与蜂蜜的混合物来清洁。

头发干洗剂

在一个小刷子根部涂抹少许玉米淀粉，轻轻按摩头皮，然后刷一刷头发。如果你的头发是棕色的，可以加一点儿巧克力粉，以免留下白色的粉末。

速成牙膏

将牙刷在优质小苏打中蘸一下就可以用它刷牙了！请记住，刷干净牙齿的关键是刷牙的动作而不是牙膏。

保湿发膜

将1汤匙蜂蜜（或芦荟）、1份普通酸奶和1汤匙植物油混合均匀。取适量涂于头发上，停留至少一个小时，然后用洗发水清洗头发两次，以去除所有油脂。

保湿面膜

将1汤匙蜂蜜和1汤匙植物油混合均匀，涂抹在脸上，10分钟后洗去。

去瑕面膜

将1汤匙绿色黏土或罗素泥、1汤匙芦荟胶和4滴茶树精油混合均匀。一点儿一点儿地加水，搅拌成糊状，涂在湿润的脸上，注意避开眼周区域。停留10分钟，在面膜变干前冲洗干净。

除臭配方

在腋下涂抹少许小苏打粉或滴一小滴棕榈精油。皮肤敏感的，只使用椰子油即可。记住，除臭剂能"除臭"但不能阻止流汗。汗水的气味因人而异，取决于饮食和激素分泌。

剃须泡沫

剃须前用冷皂起泡。皮肤敏感的人，可以事先加几滴植物油（甜杏仁油、霍霍巴油等），以保护皮肤。

我的挑战

你的挑战是选择要使用的化妆品或按照配方制作一种化妆品。不要丢掉正在使用的产品,可以把它们用完或送给朋友、协会、有需要的人等等。

我的选择:

我查到哪里可以买到配方所需要的原料:

使用几天后,我的评价:

第3周回顾

首先，恭喜你！在本周你接受了许多挑战。减少垃圾的行动更具体了，你也开始对某些改变感到自在了。如果没时间完成一些页面的内容，可以在第4周随时回来完成。

在这里写下你对第3周的印象，可以和大家一起写。

我学到了什么？

什么事比较容易？

最大的困难是什么？

我是否准备好每天都坚持？

第4周

跟上节奏

拯救地球

本周目标

　　这一周关乎将来！本周的目标是保持良好的习惯，避免动力下降，最重要的是，在这一过程中努力走得更远。减少垃圾是培养购物、烹饪和清洁新习惯的过程中最重要的一环。但是，从长远来看，这还不够。我们还会在无形中制造很多垃圾，因此我们也必须学会减少这些隐藏的垃圾。

　　我们还要注意提防免费带来的垃圾，并准备好在户外用的装备。我们必须养成一种习惯，就是将所有垃圾视为我们制造的垃圾，这是我们的责任。好消息是，你现在已经能够应付这些情况了。为人父母的，还要关注孩子制造的垃圾，减少他们制造的垃圾的数量，注重提高他们的环保意识。

　　那么，继续前进吗？

重新盘点

从本周开始，最好对前三周取得的成果进行巩固。有时候你所做的改变很小，而且由于时间仓促，你可能没有为每个挑战做出最好的选择。

为了更确切地了解垃圾数量上的变化，本周要重新填一次垃圾清单（请参阅第11页和第12页）。在第一周，你盘点得越细致，现在就能看到越多的进步。以下是一些你需要回答的问题。

> 我扔得最多的是什么垃圾（或垃圾类型）：
>
> 食品包装（塑料、纸盒、金属、玻璃）的数量：
>
> 化妆品包装或日用品包装的数量：
>
> 我扔掉的食物垃圾（果蔬皮、剩饭、过期食品、变质的食物等）是不是更少了：
>
> 我是不是更懂得垃圾分类了？还有困难吗？
>
> 有没有我难以减少的垃圾？
>
> 是不是有一些垃圾不再出现在我的垃圾桶中了？

称赞自己

你是否注意到,我们对别人比对自己更宽容?在减少垃圾方面也是如此。我曾看到很多人因为没能一步到位,还有很多垃圾要减少或者还有很多习惯没有养成而灰心丧气。

因此,本周请花一个小时回顾一下自己的努力。如果可能的话,和全家人一起,向自己表示祝贺。想想自己学到了什么,买了什么,改变了什么,尝试了什么,然后记下来。把所有的举动都列出来,哪怕是失败的尝试。如果你觉得找不到什么事,记得算上你的心理变化:已经进入你脑海里的意识,条件反射般拒绝某些垃圾,等等。

最重要的是,一有懈怠的念头,就回来看看这些内容。

我的成果:

怎么办，我被批评了！

践行减少垃圾行动也意味着要面对各种批评。总有人喜欢对别人的选择评头论足，无论对方与自己亲密与否。

最常见的评论

- **觉得你做得还不够好的人：**"什么？你那个可重复使用的瓶子是塑料的？"
- **担心你回到石器时代的人：**"很快，我们就只能吃种子了……"
- **喜欢质疑你的选择的"聪明人"：**"是的，但是使用可洗棉会浪费水，因为你要不停地洗！"
- **因为新习惯在宏观层面的影响很小就觉得新习惯无用的人：**"不是洗洗衣服就能改变北极熊的命运！"
- **在暗处观察你，一旦发现你有任何不完美或不足就跳出来指手画脚的人（最多的一类）：**"不再买塑料瓶装水自然很好，但是你还会买瓶装的沐浴露……"

我们可以将他们称为"吐槽大师"。他们不管说什么，目的都是从你的减少垃圾行动中挑毛病。

不好的一面是：总会有人觉得你做得不够或太过了，质疑你的选择，评判你的行事方式，并给你上课。这样的人有很多，尤其喜欢在你没有咨询他们的意见时出现。

好的一面是：有人批评表明你已经步入正轨了。如果批评你的人比你做得更好，那是因为他们忘记了不是所有人的起点都相同，而且每个人的实际情况也不一样。如果批评你的人是那些没有你做得好的人，那就仅仅表明你的努力与他们的无所作为形成了反差。你的进步让他们感到"心理不适"，于是他们通过挑你的毛病，来让自己的不作为变得心安理得。

如何应对？找机会解释自己的生活方式以及这种生活方式能带给自己什么。但是，不要强迫自己做出辩解，不要忘记你为什么开始减少垃圾。不要试图说服别人，而是要展示减少垃圾带给自己的好处。但要注意，不要和他们犯同样的错误，不要批评他人觉悟不够！

如果感觉不好应对，就不要和他们讨论这个话题。也许有一天，这些人会向你寻求建议。多与志趣相投的人相处吧！

选择

走得越远，面临的选择就越复杂。"零垃圾"只是环保生活的一个方面，远非唯一。毫无疑问，你将对其他方面越来越感兴趣：有机农产品、本地产品、素食主义、未经动物实验化妆品、能源消耗、运输方式、极简主义等。这些都与"减少垃圾"息息相关，会给我们的生活带来其他方面的连锁变化，让生活慢慢变得更好！

但是，短期内不可能实现所有目标。你可能需要在无包装非有机产品、有机非本地产品、素食有包装产品等产品之间做出选择。你会感觉这有点儿象做数学题，解的还是一道有大量未知数的方程！

要知道，这道题并没有什么标准答案，你总会需要做出选择。你可以自行决定对自己而言最重要的是限制垃圾的产生还是素食。你可以列出优先级，方便自己做出选择。不要总想在生活的各个方面都做得很完美。你也可以灵活改变自己的选择，今天做出这个选择不影响你在明天做出另一个选择。

在任何情况下，要客观地做出定向选择都很难，因为要考虑的因素太多。但是请记住，有机农业相比传统的本地农业对环境更友好。举例而言，肉类生产带来的负面影响比食用大豆（哪怕是带包装的）的负面影响更大（全球四分之三的大豆是用作动物饲料的）。

最后，不要忘记还有许多其他选择可以帮助你。就我个人而言，我更喜欢"本地零垃圾"而不是"有机有垃圾"，因为我很容易就能找到"合格"的本地产品，那些产品既健康、环保，又没有靠有机的标签赚钱。但是，我一直很喜欢素食产品，对我来说，即使是带包装的素食，也好过大量无包装的肉。在化妆品方面，我发现现在有大量有机化妆品可供选择。这些产品没有经过动物实验（产品是有机的，不需要做动物实验），并且包装可回收。

每日提示

在家里建立一个临时的产品等级制度，以便每个家庭成员都知道购物的优先级，避免不必要的争吵。

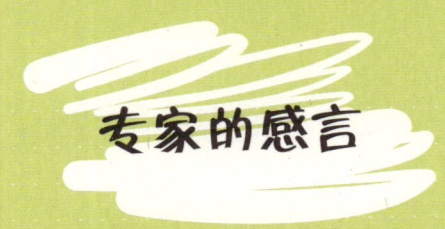
专家的感言

30岁的夏洛特和35岁的玛丽,还有他们的猫鲍勃一起住在波城市中心。他们在博客上分享了他们的"零垃圾"生活方式。

你是怎么做到"零垃圾"的?

6年前,我开始反思自己的消费方式以及它对地球的伤害。我意识到自己买了太多不需要的东西,扔了太多垃圾。然后我们缓慢而坚定地改变着,无论如何都不会倒退。这种生活方式是4年前我和玛丽一起搬过来的时候开始建立的。

听到气候变化的影响以及它带来的环境剧变的时候,我们感到恐惧和不知所措。我知道我们所做的不足以改变世界,但不能因为这个理由就什么都不做。

对刚起步的人你有什么建议吗?

很多人尝试"零垃圾"生活方式时,经常想快速行动,一步到位。但我认为,必须按照自己的步调逐步前进,一点一点养成习惯并坚持下去。

你觉得最复杂的是什么?

在"零垃圾"的生活方式中,最复杂的事情是做好计划,以免出门时措手不及。这就是为什么我总是随身带着一个布袋和几个小袋子,袋子里还装着布和餐具,有时候还装着盒子和罐子。

在所有层面都要追求"零垃圾"吗?

当我们认识到一次性物品并不会让生活更轻松,还会让我们付出更多的代价时,我们自然就会选择更耐用的物品(例如将纸巾换成茶巾和餐巾,用玻璃杯取代塑料瓶装水,用散装袋或玻璃容器储存食物)。

并非所有人都能去卖散装产品的商店购物,但是可以多选择一些更容易买到纸袋或纸盒包装的(如大米、面条和豆类)或者完全不用包装的(如蔬菜、水果)生食。虽然100%"零垃圾"难以实现,但能做多少就做多少。

它对你的日常生活有什么改变?

减少垃圾不会多花时间,这一点跟大家想的刚好相反。我们现在已经养成了一些习惯,甚至可以说我们已经简化了生活,节省了开支。

"零垃圾"改善了我们的生活质量,改变了我们的生活方式,同时也改变了我们与他人的关系。例如,我们已经与一些商家建立了牢固的联系。"零垃圾"给了我们更健康、更宁静、更人性化的生活。

免费会带来污染

即使你已经开始对减少垃圾感兴趣,可能也很少会考虑如何处理那些你收到或领取的免费小物件。

我可以解释一下这些东西对环境的影响,以及森林砍伐或垃圾处理的问题,但我知道这不是大家最关注的点。我想告诉你的是,每个家庭每年平均会收到31公斤的广告宣传页。这代表每年要消耗100万吨纸,占我们的垃圾总重量的5%,因此也增加了处理垃圾的成本(你要缴税!)。

好的习惯

在信箱上贴一个"拒收广告宣传页"的标志

如果这样做了以后,你仍然会收到传单,可以与所在城市的垃圾管理部门联系,来解决这个问题。如果这些是当地商家发的广告,可以直接告诉他们你不想收到这些广告。

拒绝路边派发的传单或广告

路边派发的传单或广告页一律拒绝。如果你确实对上面的信息感兴趣,拍个照即可。

选择非纸质的广告宣传页

用服务器存储算不上一个对环境友好的解决方案,但它确实可以减少不必要的邮件,而且便于管理文件。只要可能,请拒绝提供你的邮寄地址。无论如何,请不要在"我同意接收促销/资讯"框中打钩。

户外防垃圾生存指南

你已经能更好地控制家里的垃圾了吗？太棒了！但是，不要忽视户外的垃圾。上班、散步、购物、外出就餐、旅行时，垃圾无处不在！

如果你想有个直观的感受，我可以给你提供一个非常简单的挑战：在一周时间内，将你在户外制造的所有垃圾都带回家。不要使用街上、工作场所或商店里的垃圾桶，每天都把垃圾带回家。

在一周结束时，列出垃圾的明细：

解决办法：

- 始终随身携带（放在包包或车里……）水杯、布袋、布手帕、可重复使用的餐具（可以选择可折叠的餐具）。
- 上班时带一个不锈钢的水壶或者茶杯。
- 询问商家是否可以通过电子邮件发送收据。
- 花5分钟坐在咖啡厅里享受美味，而不是叫外卖。
- 切记拒绝吸管或袋装糖。

孩子和他们制造的垃圾

如果你有孩子，可能你已经注意到了，自从孩子出生以来，垃圾更多了！从小培养他们减少垃圾的意识很重要。

向孩子解释为什么减少垃圾很重要，并一起找到妥协的办法。不要忘记让孩子也"武装"起来。以下是一份孩子的垃圾清单，以及控制垃圾的想法。

纸尿布：绝大多数纸尿布的成分都令人担忧。而且一个宝宝在整个婴幼儿期最多可使用5000片纸尿布，这简直是不可思议的生态灾难。

解决方法：使用普通尿布。这不是要回到奶奶的时代，如今的尿布既漂亮又实用！如果不想用尿布，请选择成分安全可靠的纸尿布。扔掉时放在密封良好的垃圾桶内，不要使用垃圾袋。

臀部清洁用品：大多数常规产品含有争议的、有刺激性的和不可生物降解的成分，包括著名的液体石蜡。其效果与美发产品中的有机硅相同，这些成分可令皮肤舒缓，但不能保护或呵护宝宝的屁股。

解决方法：自制擦洗剂。在500毫升的有机初榨橄榄油中逐步加入500毫升的石灰水（可在药房买到）。这种擦洗剂非常适合清洁臀部，还能滋润宝宝的皮肤和疮口。

棉片和湿巾：几年内用掉的数量会是天文数字！

解决方法：用可洗棉和湿巾，就像你自己用的一样。要选择柔软的有机材料。

零食：酸奶、果酱、各种蛋糕等等。吃零食会产生大量的垃圾！

解决方法：自制零食；使用可重复使用的容器，例如果酱罐、饮料罐；使用不锈钢吸管。

玩具和书：我们对孩子的要求太多了，以至于他们很难不被玩具和书淹没。

解决方法：带孩子去逛二手市场，在图书馆给孩子办读书卡，等等。要警惕玩具的材料，一定要避开PVC（聚氯乙烯）塑料、有异味或变色的塑料。优先考虑木制玩具或织物玩具。

礼品包装：生日礼物、圣诞礼物……你的包装余额要亮红灯了！

解决方法：换掉无法回收的闪亮礼品包装，使用牛皮纸包装。圣诞节的时候找一个圣诞帽，将所有礼物放进去，不用包装。还可以学一学日本的习俗，用可重复使用的织物包裹礼物。

下午茶食谱

让孩子参与自制零食的挑战，这样他们就更容易改变习惯，也能避免他们不吃你做的零食造成浪费。

技巧

- **做游戏**：每周一个新花样，并记下来。进行"顶级厨师"比赛，选出当月的最佳零食。对孩子们来说，让父母参加比赛总是很有趣！
- **在厨房放一本靠谱的食谱书**，需要时就可以照着食谱制作。
- **限制烹饪时间**：每周最多两个小时。一开始可能只需要15分钟，这是制作简单的巧克力蛋糕的时间。
- **将蛋糕放在金属盒中**，这样可以保鲜几天。还可以将一部分薄饼糊冷冻起来，作为本周的快餐食用。

挑战：制作本周的果酱和饼干

先做果酱（4人份一般需要用4~5个苹果，数量可根据家里人数调整）。

> 将4~5个苹果去皮并切成大块，放在炖锅中，加水煮。
>
> 可选：1大勺龙舌兰糖浆或蜂蜜，1个香草荚，1撮肉桂。
>
> 苹果变软后，加入1片柠檬片，混合后冷却。装入密封玻璃罐，存放在冰箱中，可以保存约7天。

做这个甜点什么都没浪费：苹果皮可以堆肥，或者切成碎片撒上糖，然后在150°C的温度下烤20分钟。空的香草荚可以和糖一起放在罐子里制成香草糖。

接下来做饼干。

> 将125克软黄油（或人造黄油）与100克糖混合。加入100克自制的果酱并混合均匀。加入一些燕麦和巧克力片，然后加入250克面粉（加3次）、1撮盐和1茶匙酵母。将烤箱预热到180°C，同时将面团放在冰箱中冷却。然后将面团切成小面团，压扁后摆在刷了油的烤盘上，烘烤约12分钟。

饼干可以在金属盒中保存好几天。你还可以冷冻一些生面团。

所有材料都可以购买散装的，别忘了！如果果酱用完了，可以用鸡蛋代替。

"出去捡垃圾" 挑战

让孩子意识到垃圾问题的最好方法是让他们亲身体验。没必要等到假期,因为每时每刻到处都有垃圾!

带上一个大袋子、几副手套,全家人一起出去散步,在海边、森林、公园、操场、学校附近都可以。要注意对孩子来说可能有危险的垃圾。

散步结束时,把袋子里的垃圾倒出来并分类。例如,让他们数一数废纸、吸管等的数量,然后将它们丢到对应的垃圾箱里。

不要忘记在郊游时和孩子一起捡拾垃圾。这样,他们以后就不会将垃圾扔在地上了。

和孩子一起写下反馈:

极简主义和减少垃圾

在减少垃圾的过程中,不可避免地要回答自己家里有什么东西这个问题。极简主义帮助许多人走上了"零垃圾"之路。

什么是极简主义?

很难用几句话来定义,但概括来说,就是拥有更少但更好的物品。清理掉家里多余的东西,选择用得更长久的东西。极简主义并不是让你住在空空荡荡的房子里,而是让你思考自己与所有这些物品的关系。这与减少垃圾有关,因为你需要更换其中的一次性产品和塑料制品。你很快就会意识到,自己囤积了太多用不到的物品或重复的物品。减少这些不必要的日常用品的同时也清理了空间。真的有必要留着那些你永远不会再看的书吗?衣柜里那些从来不穿的衣服,你真的还需要吗?

行动起来

• 整理你的家

整理的方法有很多,但我建议你至少先整理好一个房间,不要一点一点地分类整理。保留你真正需要的东西,其他的都可以送走。不要被"万一有用"这样的念头影响,我们很少会为扔掉一件从来不用的东西而后悔。

考虑一下这件物品能带给你什么、占据的空间和实用性。例如,橱柜里装满了餐具和厨房用具,你只需保留当月需要的东西。当你真的需要其他餐具或特定设备时,可以向朋友借或找他人租用。

• 整理你的收纳空间

每件用品都应有其固定的位置。不懂收纳你就会将东西到处乱放。清理多余的东西后,家中也空出了许多收纳空间。你可以学一学收纳的技巧,尤其是如何方便孩子分类收纳,如为孩子准备盒子、篮子、广口瓶、矮家具。可以找一个盒子或小家具当杂物箱,用来存放待收纳的杂物。有一个固定的存放点,你就不会把杂物到处乱扔了。

• 极简主义的好处

总体而言,极简主义可以让生活更轻松,可以让你花更少的时间整理和清洁你的家……

别再扔了

你已经成功克服了许多挑战去减少家里的垃圾。现在你需要做的是不再习惯性地将你不要的东西视为垃圾。你扔掉的许多物品，比如家具、衣服等，实际上都可以修理、出售或捐赠。因此，防止物品被丢进垃圾桶是现阶段的一项重要行动。

处理不要的东西的好主意：
- 送给认识的人；
- 在二手网站上出售；
- 捐赠给慈善协会 如红十字会等；
- 拍卖；
- 送到收集点；
- 送给无家可归的人；
- 捐给孩子的学校；
- 在楼下为邻居准备一个"免费捐赠箱"。

小窍门
你也可以做相反的事情，并在下次购物时直接购买二手商品！

让我们一起做个美梦!

对于大多数新手来说,用1个月的时间减少垃圾已经是很大的进步了。但是,你可能会觉得自己做得还不够,还没看到结果。毫无疑问,这是一段没有终点的旅程。你永远不可能完全做到"零垃圾"。而且,新的挑战会不断出现。但是,你现在已经明显减少了垃圾,可以做到"几乎零垃圾"。

为了帮助你规划未来,我建议你做一些训练。在本页,你可以写下自己在减少垃圾方面最疯狂的梦想。你对自己未来这一年的生活有什么期待?你希望停止制造哪种垃圾?当孩子长大后,你希望看到他有哪些进步?简单来说,就是花点儿时间写下自己的愿望、规划和目标。要有野心、有创意,并保持乐观!

第4周回顾

这是最后一周了。你是否遇到了某些挑战？学到了什么？是时候盘点一下本周的情况了。

将你对本周的印象写下来，可以和大家一起完成。

我学到了什么？

我有没有再次清点垃圾？

有什么特别的小窍门让我印象深刻吗？

我遇到了哪些困难？

整月回顾

用1个月减少垃圾是一个巨大的挑战。还记得你打开本书第一页时的感受吗?这是一段相当难忘的旅程,对吗?

最重要的是,不要走回头路。有时候,你会遇到困难、犯错误或恢复某种"坏"习惯,但不会回到起点。

到了这个阶段,没有人会希望自己制造更多的垃圾!这是一种持续的进步。在生活的某些阶段,进步的脚步会放慢,事情会变得复杂,但你的收获永远不会归零。

这本书是为你服务的,它是一个起点,在你养成新习惯的过程中,这本书会持续发挥作用。你可以随时挑战自我,尝试其他配方,重读某些页面来激励自己或学习如何应对批评。

最后,请在下一页写下你的经验、想法或方法。你觉得书里少了某个专题吗?为什么不自己写呢?这是你的"零垃圾"学习空间,全情投入吧!另外,也可以分享你的成功经历、你的经验,让更多人参与进来。

无论如何,我都想让你知道,我为你和你减少垃圾的承诺感到骄傲。

鸣谢

  感谢我最爱的两位小"垃圾生产家",谢谢你们和我一起测试各种饼干配方,提醒我购买散装的玉米粒,出演我们的家庭电影,成为我们对外的最佳宣传员。

  感谢我的爱人的理解,谢谢你多年以来一直支持我的想法和不完美的环保实验,冒着危险帮助我测试自制洗碗液,同意使用特百惠保鲜盒,并在我终于弄明白如何将卫生纸做成艺术品时保持微笑。

  感谢我的家人支持我所有的想法还有批评,谢谢你们愿意把我的厨余垃圾放进你们的堆肥机里,让我的"蔬菜计划"入侵你们的花园。

  感谢我的朋友,尤其是拉蒂迪亚、克莱尔和斯蒂芬妮,谢谢你们支持我,为我提建议,给了我不可思议的灵感之源。

  特别感谢阿歇特团队,尤其是劳拉,感谢你们策划了这个激动人心的选题。

  感谢我所在的小区,感谢邻居们提供的感言以及更多无形的支持。

  最后,对于写这本书带来的垃圾,用于校对的打印纸以及由于时间仓促造成的疏漏,我深表歉意!我要种几棵树来弥补!

 美好生活需要自律,
来遇见同频的好朋友!